EINFACH THAI!

DER ENTSPANNTE WEG ZU TOM KHA GAI, PAD THAI & CO

EINFACH THAI!

DER ENTSPANNTE WEG ZU TOM KHA GAI, PAD THAI & CO

TOM KIME

FOTOGRAFIEN VON LISA LINDER

AUS DEM ENGLISCHEN
VON CLAUDIA THEIS-PASSARO
UND ANNEGRET HUNKE-WORMSER

KNESEBECK

Inhalt

8
Einführung

12
Zutaten der thailändischen Küche

20
15 unverzichtbare Kräuter & Gewürze

23
Kleine Happen & Fingerfood

52
Salate

82
Fleisch – gebraten, geschmort & aus dem Wok

114
Fisch & Meeresfrüchte

150
Currys & Suppen

174
Reis, Nudeln & Beilagen

198
Desserts & Getränke

220
Grundrezepte

250
Menüvorschläge

252
Register

Thailändisches Essen...

ist spannend und anregend und setzt die Geschmacksnerven unter Strom. Die erste Begegnung mit der thailändischen Küche ist meist unvergesslich. Hat man die echte Thai-Küche erst einmal probiert, kommt man nicht mehr davon los. Man wird geradezu süchtig nach immer neuen exotischen Geschmackserlebnissen. Dass die Scharfstoffe in Chilischoten tatsächlich süchtig machen und beim Verzehr Wohlgefühle auslösen, könnte zumindest einer der Gründe dafür sein.

Der Thai-Küche sagt man nach, man könne ihre exotischen Geheimnisse nur schwer meistern, schon gar nicht als Laie im Alltag. Entsprechend geben wir uns dann mit einem billigen Essen zum Mitnehmen von irgendeinem Thai-Imbiss zufrieden, das uns auf den ersten Blick anlacht, dann in der Regel jedoch zur Enttäuschung mutiert.

Dabei ist es eigentlich gar nicht so schwer, wirklich gute, authentische Thai-Gerichte zu kochen. Natürlich müssen ein paar Dinge vorbereitet werden, die Zubereitung selbst ist aber fast ein Kinderspiel. Entscheidend ist, die verschiedenen Geschmacksrichtungen ins Gleichgewicht zu bringen. In Thailand spricht man von ›ROT CHART‹, bei dem die Aromen zur Entfaltung gebracht und festgelegt werden. »Rot« (was so viel heißt wie »Geschmack«, »chart« steht für »richtig«, »harmonisch«, »ausgewogen«) ist das ultimative Ziel der thailändischen Küche.

Grundsätzlich ist die Thai-Küche durch vier Geschmacksqualitäten geprägt: scharf, süß, sauer und salzig.

Für SCHÄRFE sorgen frische und getrocknete Chilischoten, ganze und gemahlene Pfefferkörner, getrocknete und frische Kräuter sowie Gewürze wie Ingwer, Knoblauch, Galgant und Kurkuma.

Der geschmackliche Gegenspieler von scharf–süß, wird durch Zucker, Palmzucker, Obst oder Honig, aber auch durch geröstete Kokosraspel oder den fettreichen, cremigen Teil der Kokosmilch hervorgerufen. Komplexere süßliche Zutaten sind Garnelen oder Meeresfrüchte wie Krebse, aber auch langsam gegartes Schweine- oder Entenfleisch.

Limetten- und Zitronensaft sowie Reisessig liefern die gewünschten Noten von Sauer, ebenso wie die vielschichtigen charakteristischen Aromenverbindungen von Tamarinde, Zitronengras und Kaffirlimettenblättern.

Das Geschmackselement salzig wird in der thailändischen Küche vor allem durch Fisch- und Sojasauce, aromatisch geröstete Nüsse, gesalzenen und geräucherten Fisch sowie getrocknete Garnelen ergänzt.

All diese einzelnen Geschmacksfacetten sollten in jedem Gericht und bei jedem Bissen in einem ausgewogenen Gleichgewicht stehen. Damit dies auch wirklich gelingt, ist es unverzichtbar, das Gericht während des Kochens immer wieder abzuschmecken. Klingt eigentlich ganz einfach, nicht wahr? Leider tun es die meisten Köche nicht häufig genug. Nehmen Sie einmal ein Stück Wassermelone und essen Sie es pur. Probieren Sie es dann mit einem Spritzer Limettensaft – schmeckt schon viel interessanter. Das nächste Stück verzehren Sie gewürzt mit Salz und Limettensaft – langsam wird es richtig spannend. Schließlich streuen Sie obendrein noch etwas Chilipulver oder frisch gemahlenen Pfeffer auf die Wassermelone ... Mit nicht viel mehr als Salz, Limette und einem einzelnen Gewürz haben Sie etwas Außergewöhnliches geschaffen, das in Ihrem Mund ein wahres Geschmacksfeuerwerk auslöst. So funktioniert die Thai-Küche. Hat man das erst einmal herausgefunden, gibt es kein Zurück mehr.

TOM KIME

TOP 12
der besten kulinarischen Erlebnisse in Thailand

1. Führen Sie Ihren Elefanten im Dschungel von Chiang Mai zum Bad im Fluss und kosten Sie Gai Yang, gegrilltes Hühnchen nach Isaan-Art mit Zitronengras und schwarzem Pfeffer.

2. Gönnen Sie sich eine authentische Thai-Massage in der Schule des Wat Pho, des Tempels des liegenden Buddha in Bangkok. Probieren Sie die thailändischen Fischfrikadellen oder frittierten Bananen bei einem der Straßenverkäufer vor dem Tempel.

3. Schlürfen Sie mit Blick auf den Strand von Phuket einen Mai Tai und genießen Sie einen mit Kurkuma gewürzten gegrillten Fisch oder eine Portion pikant panierten Tintenfisch.

4. Gönnen Sie sich ein Singha-Bier bei einem Thai-Boxkampf. Den richtigen Kick verschafft Ihnen eine Portion Rindfleisch aus dem Wok mit Chili und Zwiebelrelish.

5. Erleben Sie die echte thailändische Straßenküche, während Sie entspannt auf einem Boot auf dem historischen schwimmenden Markt von Amphawa herumgerudert werden. Eine Schüssel sauer-scharfer grüner Papayasalat lässt Sie ganz in diese exotische Welt eintauchen.

6. Genießen Sie ein Dschungel-Curry mit Blick über den Urwald. Diese aus dem Norden Thailands stammenden Currys werden ohne Kokosmilch zubereitet und sind sehr scharf. Ursprünglich wurde Wildschweinfleisch verarbeitet. Wer es lieber weniger scharf hat, sollte es mit einem roten Curry mit karamellisiertem Hühnerfleisch versuchen.

7. Wie wäre es mit einer Chanel-Tasche oder einer Rolex für ein paar Dollar auf einem Nachtmarkt und dazu Bananen-Kokos-Pfannkuchen oder knusprig-süße Spareribs?

8. Tauchen Sie auf einer gemächlichen Fahrt mit der Fahrradrikscha in die quirlige Atmosphäre Bangkoks ein. Für den kleinen Hunger zwischendurch empfehlen sich gebratene Nudeln mit Schweinefleisch nach Hakka-Art.

9. Entdecken Sie Ihren perfekten Strand. Anstatt mit all den anderen Touristen an die Maya Bay, den Drehort des Films *The Beach*, zu pilgern, sollten Sie sich einfach Ihr eigenes kleines Stück vom Paradies suchen. Alternativ können Sie aber auch die Augen schließen und sich bei einem Ananas-Ingwer-Crush mit Minze an den Strand träumen.

10. Besuchen Sie einen Thai-Kochkurs in einem der Königspaläste und lassen Sie sich beibringen, wie man eine würzige Brühe mit Fischfrikadellen macht.

11. Entspannen Sie sich auf einer der Inseln in einer Hängematte, das Wasser einer frisch gepflückten Kokosnuss schlürfend. Kosten Sie einmal die cremige Kokosmilch direkt aus der Frucht – ein schlichter exotischer Genuss, genau wie eine thailändische Hängematte.

12. Ernten Sie während einer Radtour durch die malerische Landschaft auf einer Pfefferplantage Ihre eigenen Gewürze, bevor Sie sich mit knusprig frittiertem, typisch thailändisch gewürztem Fisch oder pikanten Chickenwings mit Galgant stärken.

Zutaten der thailändischen Küche

Frische Zutaten, Nüsse & Samen

ZITRONENGRAS

Zitronengras liefert das gesamte Spektrum der Zitrusaromen von Zitrone und Limette, allerdings ohne deren Säure und den bitteren Beigeschmack. Die äußeren harten Blätter sollten vor der Verwendung entfernt werden. Kaufen Sie frische Stängel, die fast weiß und unten knollig sind. Die Stängel werden mit einem scharfen Messer in feine Ringe oder Streifen geschnitten. Zitronengras kann roh verzehrt werden, etwa in Salaten oder als Garnierung, aber auch püriert und gegart in Currypasten. In feine Scheiben geschnitten lässt es sich gut einfrieren und kann bei Bedarf direkt aus dem Tiefkühlfach verarbeitet werden.

INGWER

Ingwer verfügt über außerordentliche kulinarische und medizinische Qualitäten. Beim Kauf sollte man darauf achten, junge und saftige Stücke zu wählen. Schalen und Abschnitte können zerdrückt und püriert zur Zubereitung von Suppen und Currypasten verwendet werden. Frischer Ingwer lässt sich hervorragend reiben, dann kann man ihn auch roh essen.

KORIANDERWURZELN

Auf den ersten Blick mögen Korianderwurzeln exotisch wirken, tatsächlich handelt es sich dabei aber einfach nur um die Wurzeln des Koriandergrüns. Wer seinen eigenen Koriander im Garten oder auf dem Balkon zieht, kann bei Bedarf die ganze Pflanze wie eine Karotte aus der Erde ziehen, anstatt die Zweige oberhalb der Wurzel abzuschneiden. Die Wurzeln verleihen Pasten, Marinaden und Dressings ein intensives Aroma. Sollten Sie keine Wurzeln bekommen, können Sie ersatzweise den unteren Teil der Stängel fein hacken. In der Regel findet man Korianderwurzeln aber in gut sortierten Asialäden. Sie können fein gehackt oder zerstoßen sowohl roh als auch gegart verzehrt werden.

THAI-BASILIKUM

Thai-Basilikum hat glänzende dunkelgrüne Blätter, die länglicher geformt sind als die des europäischen Verwandten. Ihre Färbung spielt häufig ins Violette. Thailändisches Basilikum hat ein zitroniges, intensiv nach Sternanis und Anis schmeckendes Aroma. Am besten sind die frischen Blätter, getrocknet oder tiefgekühlt verlieren sie an Aroma. Thai-Basilikum findet man in Asialäden, notfalls kann man es aber auch durch europäisches Basilikum ersetzen.

KAFFIRLIMETTENBLÄTTER

Die dunklen, glänzenden Blätter des Kaffirlimettenbaums geben beim Zerkleinern einen geradezu berauschenden Duft ab und sorgen für ein außergewöhnliches Aroma. Man kann sie getrocknet kaufen, die frischen Blätter lassen sich aber auch gut einfrieren, ohne dass Farbe und Aroma darunter leiden. Ein guter Ersatz ist frisch abgeriebene Limettenschale, auch diese liefert volles Zitrusaroma frei von Säure. Vor der Verarbeitung von Kaffirlimettenblättern werden diese von der festen Mittelrippe auf der Blattunterseite befreit, dann wie eine Zigarre eingerollt und quer in sehr feine Streifen geschnitten.

CHILISCHOTEN

Chilischoten sind aus der Thai-Küche nicht wegzudenken, ihre Schärfe trägt maßgeblich zum perfekten Zusammenspiel aller Aromen bei. Da der Schärfegrad von Chilischoten stark variieren kann, sollten Sie diese vor der Verwendung probieren, denn es ist sehr viel einfacher, die Schärfe eines Gerichts zu steigern, als sie abzumildern. Am schärfsten sind die kleinen Thai-Chilischoten, auch Vogelaugenchilis genannt, ganz allgemein sind getrocknete Chilischoten schärfer als frische. In vielen Rezepten werden mildere, lange rote Chilischoten, von Samen befreit und fein gehackt, verwendet. Auf diese Weise lässt sich der Schärfegrad etwas besser kontrollieren. Um ein Gericht ausgewogen zu würzen, setzt man der Schärfe etwas Süße entgegen. Sollte ein Gericht also einmal zu scharf geraten sein, können Sie die Wirkung durch Zugabe einer süßenden Zutat wie cremiger Kokosmilch, Palmzucker oder Obst abmildern.

KNOBLAUCH

Knoblauch wird in der Thai-Küche sehr viel verwendet, bei einer tiefen Abneigung oder Unverträglichkeit geht es aber notfalls auch ohne. Der Aromaverlust lässt sich dann durch Zugabe von Ingwer, Korianderwurzel und Chili ausgleichen. In Dressings oder Würzpasten wird roher Knoblauch verarbeitet, weshalb ein Mörser zu den unverzichtbaren Hilfsmitteln der Thai-Küche gehört. Darin können die Knoblauchzehen zusammen mit etwas Salz zerdrückt werden, um zu vermeiden, dass in einem Dressing gröbere Stückchen verbleiben. Roher Knoblauch schmeckt intensiv und scharf, gegart ist er eher süßlich und facettenreich.

ERDNUSSKERNE

Geröstete Erdnusskerne kommen in vielen verschiedenen Thai-Gerichten zum Einsatz. Ungesalzene Erdnüsse findet man mit und ohne Haut unter anderem in Asialäden. Vor der Verarbeitung werden die Kerne ohne Fett bei niedriger Temperatur in einer Pfanne oder im Backofen goldgelb geröstet. Dabei ist Vorsicht geboten, denn sie brennen leicht an und schmecken dann bitter. Nach dem Abkühlen können sie zerstoßen oder gehackt werden. Bevor man ein Gericht mit Erdnüssen anbietet, sollte man allerdings sicherstellen, dass niemand allergisch darauf reagiert.

CASHEWKERNE

Beim Kauf von Cashewkernen sollte man ungebleichte und nicht gesalzene wählen. Vor der Weiterverarbeitung sollten auch diese in der trockenen Pfanne goldgelb geröstet werden. Falls Sie für jemanden kochen, der empfindlich auf Nüsse reagiert, lässt sich die nussige Textur ersatzweise durch gerösteten Reis erzielen (siehe Seite 17).

SESAMSAMEN

Wie die vielen anderen in der Thai-Küche verwendeten Samen liefern auch Sesamsamen Biss und Textur. Bei mäßiger Temperatur in einer Pfanne ohne Fett oder im Ofen goldbraun geröstet, ergänzen sie obendrein ein feines, nussiges Aroma.

Gewürze

KURKUMA

Kurkuma oder Gelbwurz ist eine mit dem Ingwer verwandte Pflanzenart, deren Wurzel in zahlreichen Gerichten eine entscheidende Rolle spielt. Da es nicht immer einfach ist, frische Kurkumawurzel zu bekommen, wird in diesem Buch durchgängig getrocknete, gemahlene Kurkuma verwendet. Kurkuma schmeckt pfeffrig scharf mit einer leicht erdigen Note. Aufgrund ihrer sehr kräftigen gelben Farbe dient die Wurzel schon seit Jahrtausenden als Färbemittel. Kurkuma sollte daher nur in Edelstahltöpfen oder -schüsseln verarbeitet werden, denn der intensive Farbstoff macht auch vor Hilfsmitteln aus Kunststoff, etwa dem Rührgefäß einer Küchenmaschine oder einem Teigschaber, nicht halt. Kurkuma kann sehr sparsam eingesetzt werden, gehört vor allem bei traditionellen Currypasten wegen der warmen und appetitanregenden Farbe zu den charakteristischen und unverzichtbaren Zutaten.

ZIMT

Zimt ist ein wärmendes, edles Gewürz, dessen Aroma an Weihnachten erinnert. Im Handel ist das samtig-scharfe Gewürz in Form von Stangen und gemahlen als Pulver erhältlich. Häufig prägt Zimt den Geschmack von Desserts (Sie müssen unbedingt die in Karamell gebackenen Birnen mit aromatischen Thai-Gewürzen auf Seite 218 oder die Bananen-Kokos-Pfannkuchen auf Seite 214 versuchen!) und Gebäck, und so kennt man ihn in unseren Breiten auch am besten. Aber auch herzhafte Gerichte profitieren von seinem vielschichtigen, tiefen Aromenspektrum, wie das Gaeng-Gari-Curry (siehe Seite 226) oder das würzige Flanksteak (siehe Seite 94). Gemahlener Zimt entfaltet sein Aroma besonders gut, wenn er vor der Weiterverarbeitung trocken geröstet wird oder in Kontakt mit direkter Hitze kommt. Geschmacklich lohnt es sich immer, Gewürze in einer kleinen elektrischen Gewürz- oder Kaffeemühle oder im Mörser frisch zu mahlen.

KREUZKÜMMELSAMEN

Auch Kreuzkümmelsamen sind am aromatischsten, wenn sie vor der Verwendung trocken geröstet und dann frisch gemahlen werden. Meist wird dieses Gewürz mit der indischen Küche in Zusammenhang gebracht, aber in speziellen Currypasten wie Gaeng Gari oder Massaman (siehe Seiten 226 und 228) kommt es auch in der Thai-Küche zum Einsatz. Besonders gut machen sich geröstete Kreuzkümmelsamen in Currys mit gebratenem Entenfleisch, zu würzig paniertem Tintenfisch oder gegrilltem Fleisch. Hier sorgen sie für eine wundervolle geschmackliche Tiefe.

KORIANDERSAMEN

Der geschmackliche Unterschied zwischen Koriandersamen einerseits und Koriandergrün sowie -wurzeln andererseits könnte nicht größer sein. Alle drei Erscheinungsformen werden in der Thai-Küche häufig verwendet. Geschmacklich ist es auf jeden Fall der Mühe wert, ganze Samen zu kaufen und diese selbst zu zerstoßen oder zu mahlen. Gemahlene Gewürze sind praktisch, oft aber auch minderwertig und verlieren schnell an Aroma. Gewürze frisch zu mahlen intensiviert nicht nur den Geschmack, sondern verleiht ihnen auch eine gröbere Textur. Auch Koriandersamen sollte man vor dem Zerstoßen oder Mahlen leicht rösten.

STERNANIS

Sternanis ist ein ganz erstaunliches Gewürz mit einem unglaublichen Geschmack. Sein Anisduft ist sehr intensiv, egal, ob man ihn zum ersten Mal auf einem thailändischen Markt oder aber bei der Zubereitung eines langsam gegarten Schweinebauchs wahrnimmt. Die holzigen Sterne werden in kleinere Stücke gebrochen, so dass sie beim Köcheln ihre Öle und Aromen freisetzen. Zur Verwendung in Würzmischungen kann man Sternanis aber auch in einer Gewürzmühle mahlen. Besonders gut passt das dekorative Gewürz zu knusprig gebratenem Fleisch, insbesondere vom Schwein oder Rind.

PFEFFER

Getrocknete schwarze und weiße Pfefferkörner werden häufig sowohl ganz als auch fein und grob gemahlen verwendet. Im Ganzen hinzugefügt verleihen frische grüne Pfefferkörner Currys und Suppen Aroma und Biss. Inzwischen sind frische und getrocknete Chilischoten charakteristisch für die Thai-Küche, diese gelangten aber erst nach Süd- und Südostasien, nachdem die Portugiesen im 16. Jahrhundert Südamerika erreicht hatten. Vor dieser Zeit waren schwarzer und weißer Pfeffer in Kombination mit Zutaten wie Ingwer und Knoblauch für die Schärfe zuständig.

FÜNF-GEWÜRZE-PULVER

In Thailand wie in ganz Südostasien gibt es unzählige verschiedene Würzmischungen. Am besten und intensivsten schmecken diese, wenn sie aus frisch gemahlenen ganzen Gewürzen zusammengemischt werden. Das Fünf-Gewürze-Pulver kommt sowohl als Heilmittel als auch in der Küche zum Einsatz und wird in China, Vietnam und Thailand zum Würzen von Rindfleisch und Geflügel verwendet. Häufig enthält es Fenchelsamen, Sternanis, Zimt, Gewürznelken und Szechuanpfeffer und besticht durch sein ganz spezielles Aroma. Versuchen Sie einmal, sich Ihre eigene Mischung frisch zusammenzustellen – Sie werden bestimmt nie wieder auf eine Fertigmischung zurückgreifen wollen!

Im Vorratsschrank

TEIGBLÄTTER FÜR FRÜHLINGSROLLEN
Die hauchdünnen Teigblätter für Frühlingsrollen findet man gebrauchsfertig in Asialäden und gut sortierten Supermärkten. Sie sollten luftdicht verpackt gelagert werden, damit sie nicht austrocknen.

REISNUDELN
Getrocknete Reisnudeln gibt es in zahlreichen Variationen. Sie müssen vor der Verwendung 20 Minuten in warmem Wasser eingeweicht werden.
SEN MI sind feine Fadennudeln. Sie werden zur Füllung von Frühlingsrollen, in Suppen, Wokgerichten und Salaten verwendet.
SEN YAI sind 2–3 cm breite Bandnudeln. Kauft man sie frisch, können sie ziemlich klebrig sein und müssen vor dem Kochen voneinander gelöst werden. Sie eignen sich besonders gut für Wokgerichte mit viel Sauce, wie etwa das thailändische Nationalgericht Pad Thai (siehe Seite 176).
SEN LEK sind schmalere (etwa 1 cm), in ihrer Form an Linguine erinnernde Reisnudeln. Sie werden meist in getrockneter Form verkauft und sind vermutlich die am weitesten verbreitete Nudelsorte. Auch sie sollten vor dem Kochen einweichen, sie zu garen dauert dann nur noch wenige Minuten.
BA MI werden ebenfalls aus Reismehl gemacht, ähneln in ihrer durch die Verarbeitung von Eiern entstehenden gelblichen Färbung aber eher italienischen Spaghetti. Sie werden vor allem in Wokgerichten und Suppen verwendet.
WUN SEN ist die thailändische Bezeichnung für Glasnudeln, sehr zarte, fast durchscheinende Nudeln aus Sojamehl. Sie sind sehr schnell gar und eignen sich wunderbar für Salate und kalte Nudelgerichte mit Garnelen und Meeresfrüchten.

THAI-KLEBREIS
Beim thailändischen Klebreis handelt es sich um eine spezielle Sorte von Rundkornreis. Klebreis sollte zunächst unter fließend kaltem Wasser abgespült und dann über einen längeren Zeitraum eingeweicht werden, bevor er durch Dämpfen gegart wird. Er wird vor allem bei der Zubereitung von Desserts verwendet.

THAILÄNDISCHER JASMIN- ODER DUFTREIS
Diese langkörnige Reissorte wird besonders gern zu Currys gegessen, in der Thai-Küche aber eigentlich zu jeder Mahlzeit gereicht. Auch der Reis selbst, nur ergänzt durch eine einfache Sauce, gilt schon als vollständiges Essen. Dieser Reis ist ebenfalls recht stärkereich und sollte daher vor dem Garen eingeweicht werden. Er gelingt gut in einem Reiskocher.

BASMATIREIS
Basmatireis ist eine indische Langkornreissorte. Der Name bedeutet »duftend«. Basmatireis ist weit weniger stärkehaltig als thailändischer Rundkornreis, daher eignet er sich gut für die Zubereitung von Pilaws und passt zu jedem Thai-Curry, wenn gerade kein Thai-Jasminreis oder Klebreis zur Hand ist.

---

* So wird's gemacht *
REIS RÖSTEN & MAHLEN

* *Den Backofen auf 170 °C vorheizen.*

* *80–100 g ungekochten Jasminreis auf einem Backblech verteilen und 6–8 Minuten im Ofen rösten, bis er gleichmäßig goldgelb ist und aromatisch duftet. Vorsicht: Nicht anbrennen lassen!*

* *Den Reis abkühlen lassen und dann im Mörser zerstoßen oder in einer elektrischen Gewürzmühle mahlen. Die gemahlenen Reiskörner sollten in ihrer Größe an Sesamsamen erinnern. Alternativ lassen sie sich auch durch geröstete Sesamsamen ersetzen.*

* *Luftdicht verpackt bleibt der geröstete und gemahlene Reis etwa 10 Tage knusprig und kann vielseitig verwendet werden.*

Flüssige Zutaten

KOKOSMILCH & -CREME

Kokosmilch in Dosen findet man in Asialäden und vielen Supermärkten. Es gibt eine Vielzahl verschiedener Sorten, allerdings würde ich immer zu einer thailändischen Marke raten. Der fettreiche, cremige Teil der Kokosmilch setzt sich im oberen Teil der Dose ab. Je nach Rezept werden entweder nur diese dicke Kokoscreme, nur die dünnflüssige Kokosmilch oder beide Teile gemeinsam verwendet. Es empfiehlt sich, beim Kauf einen Blick auf die Zutatenliste zu werfen. Die einzelnen Produkte unterscheiden sich hinsichtlich des Kokos- und Wassergehalts – je höher der Kokosanteil, desto cremiger. Oft werden der Kokosmilch aber auch Bindemittel zugefügt.

SOJASAUCE

Sojasauce teilt sich im Wesentlichen in zwei Arten auf. Die helle Sojasauce ist fast klar und schmeckt salziger als die dunkle, so dass sie in der Thai-Küche häufig das wichtige salzige Element liefert. Dunkle Sojasauce ist durch die Zugabe von Melasse dickflüssiger und geschmacksintensiver. Noch süßer, sämiger und gehaltvoller ist die indonesische Variante *ketjap manis*. Aufgrund ihres intensiven Geschmacks sollte diese eher sparsam verwendet werden.

SESAMÖL

Dieses wunderbare Öl ist mittelbraun in der Farbe und hat einen intensiv nussigen Geschmack, weshalb es sparsam und nur zum Würzen verwendet werden sollte. Man findet es in Asialäden, gut sortierten Supermärkten und natürlich im Internet. Mit seinen salzigen, würzigen und rauchigen Facetten spendet das Öl aromatische Tiefe. Auch in Dressings leistet es gute Dienste.

FISCHSAUCE

Fischsauce ist das grundlegende Salz- und Würzmittel der thailändischen und südostasiatischen Küche. In Thailand heißt sie *nam pla*, in Vietnam *nuoc mam*. Für die Herstellung werden kleine Fische gesalzen und fermentiert, die dabei austretende Flüssigkeit ist die Fischsauce. Sie kann unterschiedlich salzig sein – je heller (in einem Farbton, der an Whiskey erinnert) desto besser. Sehr dunkle Sauce ist älter und könnte bitter schmecken. Fischsauce ist für sich kein Genuss, erst die Kombination mit Limettensaft ergibt einen ausgewogenen Geschmack. Ein Zuviel an salziger Fischsauce im Essen lässt sich entsprechend durch die Zugabe von etwas mehr Limettensaft abmildern.

GARNELENPASTE

Diese dunkelviolette Paste, in der Landessprache *gapi* genannt, hat im rohen Zustand einen sehr stechenden Geruch (und man könnte durchaus verstehen, wenn Sie deren Verwendung beim Kochen im ersten Augenblick für einen groben Fehler hielten). Wird die Paste jedoch geröstet oder gegrillt, verliert sie ihr beißendes Aroma und verleiht dem Gericht eine besondere, herzhafte Würze. Ganz allgemein sollte Garnelenpaste aber eher sparsam verwendet und in einem luftdichten Behälter aufbewahrt werden.

TAMARINDENMARK

Tamarinden sind die Früchte des Tamarindenbaums. Ihr dunkles, klebriges Fruchtfleisch ist reich an Vitamin C und spendet einen intensiv säuerlichen Geschmack, der vor allem Currys eine ganz besondere Note verleiht. Tamarindenmark bekommt man in Gläsern oder Tuben in Asialäden und gut sortierten Supermärkten. Das Fruchtfleisch wird auch zu Blöcken gepresst verkauft. Vor der Verarbeitung weicht man eine etwa esslöffelgroße Menge davon in warmem Wasser ein und zerdrückt das Mark mit einer Gabel, bis es sich aufgelöst hat und das Wasser tiefbraun geworden ist. So erhält man Tamarindenwasser oder Tamarindensaft. Achten Sie darauf, kein konzentriertes Tamarindenmark zu verarbeiten, da dieses oft zu sauer ist und die Speisen sehr dunkel verfärbt.

REISESSIG

Dieser klare, kräftige Essig wird zur Zubereitung vieler Thai-Dips und -Saucen benötigt. Reisessig sorgt für den authentisch thailändischen Geschmack, sollten Sie aber keinen zur Hand haben, ist Weißweinessig ein guter Ersatz.

AUSTERNSAUCE

Ursprünglich wurde diese Würzsauce hergestellt, indem man Austernfleisch so lange köchelte, bis es dick und sirupartig war. Heute allerdings entsteht sie durch das Einkochen von Salz, Zucker, Speisestärke und Austernessenz. Das Ergebnis ist eine geschmacklich sehr vielschichtige Sauce, die Umami verleiht und großartig zu Wokgemüse passt.

PALMZUCKER

Palmzucker wird in Thailand aus dem eingedickten Pflanzensaft der Kokospalme hergestellt und in Blöcken oder kleineren Stücken verkauft. Farbe und Konsistenz variieren, einige Sorten erinnern eher an helles, weiches Karamell, andere sind dunkel und sehr hart. Der hochwertigste Palmzucker ist goldbraun und hat ein karamelliges, nussiges Aroma. Ersatzweise können Sie weichen braunen Zucker wie Rohrohrzucker oder Muscovado verwenden, geschmacklich macht das aber natürlich einen Unterschied.

Einführung

15 UNVERZICHTBARE KRÄUTER & GEWÜRZE

·1·
ZITRONENGRAS

Chao Tom (pikante Garnelenfrikadellen auf Zitronengrasstängeln), siehe Seite 30
Salat mit gegrillten Garnelen & Thai-Basilikum, siehe Seite 62
Gai Yang nach Isaan-Art (gegrilltes Hühnchen mit Zitronengras & schwarzem Pfeffer), siehe Seite 84
Entenfleischsuppe mit Limette, Chili & Basilikum, siehe Seite 170
Gebratener Sesam-Thunfisch mit Zitronengras & Ingwer, siehe Seite 124

·2·
INGWER

Geschmorte Austernpilze mit Ingwer & Chili, siehe Seite 192
Gegrillter Fisch mit Chili, Knoblauch & Ingwer, siehe Seite 148
Räucherforelle mit gerösteter Kokosnuss & Ingwer, siehe Seite 140
Tom Yam (sauer-scharfe Suppe mit Huhn, gebratenen Schalotten & Thai-Basilikum), siehe Seite 168
Thai-Rindfleischspieße mit rotem Chili-Essig, siehe Seite 88

·3·
SCHWARZER & WEISSER PFEFFER

Hühnerfleischsalat mit Sesam & weißem Pfeffer, siehe Seite 64
Siamesisches Hühnchen mit Ingwer, Koriander, Knoblauch & weißem Pfeffer, siehe Seite 98
Spinat aus dem Wok mit Knoblauch & schwarzem Pfeffer, siehe Seite 194
Wassermelone mit Limette, Salz & schwarzem Pfeffer, siehe Seite 210
Rote Currypaste, siehe Seite 223

·4·
FÜNF-GEWÜRZE-PULVER

Thai-Rindfleischspieße mit rotem Chili-Essig, siehe Seite 88
Frühlingsrollen mit Knusperhühnchen, Chili & Ingwer, siehe Seite 28
Schweinefleisch-Gurken-Salat, siehe Seite 72
Kabeljau aus dem Wok mit Zuckerschoten, Ingwer & Fünf-Gewürze-Pulver, siehe Seite 134

·5·
THAI-BASILIKUM

Salat mit gegrillten Garnelen & Thai-Basilikum, siehe Seite 62
Muscheln aus dem Wok mit Chilikonfitüre, siehe Seite 146
Tom Yam (sauer-scharfe Suppe mit Huhn, gebratenen Schalotten & Thai-Basilikum), siehe Seite 168
Rotes Hähnchencurry, siehe Seite 156
Entenfleischsuppe mit Limette, Chili & Basilikum, siehe Seite 170

·6·
KORIANDERSAMEN

Gebratener Schweinebauch mit Salz-Gewürz-Kruste, siehe Seite 100
Siamesisches Hühnchen mit Ingwer, Koriander, Knoblauch & weißem Pfeffer, siehe Seite 98
Aromatisch geräucherte Fischfilets, siehe Seite 138
Gewürzmischung mit Salz & Pfeffer, siehe Seite 246
Gaeng-Gari-Curry mit gebratenem Hühnerfleisch, Seite 166

·7·
CHILISCHOTEN

Karamellige Chili-Tamarinden-Sauce, siehe Seite 235
Yam Som Tam (sauer-scharfer Salat mit grüner Papaya), siehe Seite 60
Grünes Thai-Curry mit Garnelen, siehe Seite 154
Tom Kha Gai (Hühnersuppe mit Kokosmilch), siehe Seite 172
Frühlingsrollen mit Glasnudeln & Schweinefleisch, siehe Seite 24
Krebsfleischsalat mit Koriander & Chili, siehe Seite 74

·8·
KORIANDER-WURZELN

Frittierte Krebsfleischfrikadellen mit Koriander, siehe Seite 50
Thai-Rindfleischspieße mit rotem Chili-Essig, siehe Seite 88
Kürbiscremesuppe, siehe Seite 158
Geschmortes Hühnchen mit Reis, Kurkuma & Gewürzen, siehe Seite 186
Sauer-scharfe Currypaste, siehe Seite 227

·9·
STERNANIS

Gebratener Schweinebauch mit Salz-Gewürz-Kruste, siehe Seite 100
Aromatisch geräucherte Fischfilets, siehe Seite 138
Ananas mit Chili-Karamell, siehe Seite 208
Knusprig-süße Spareribs, siehe Seite 110
In Karamell gebackene Birnen mit aromatischen Thai-Gewürzen, siehe Seite 218

·10·
KARDAMOM

Würzig frittierte Bananen, siehe Seite 200
Aromatische Chickenwings mit Galgant, siehe Seite 90
Gebratener Schweinebauch mit Salz-Gewürz-Kruste, siehe Seite 100
Würzmarinade für Ente und Hühnchen, siehe Seite 230
Kokospudding, siehe Seite 158

·11·
KAFFIRLIMETTEN-BLÄTTER

Thai-Fischfrikadellen mit Gurkenrelish, siehe Seite 48
Kung Sang Wa (marinierte Garnelen mit Ingwer & Kaffirlimettenblättern), siehe Seite 36
Fischcurry mit Kokosmilch, siehe Seite 152
Pad Ki Mao (würzige Rindfleischnudeln mit Limettenblättern), siehe Seite 180
Tom Kha Gai (Hühnersuppe mit Kokosmilch), siehe Seite 172

·12·
KNOBLAUCH

Frittierte Krebsfleischfrikadellen mit Koriander, siehe Seite 50
Gebratenes Rindfleisch mit Tamarindensirup & gerösteten Erdnüssen, siehe Seite 86
Nahm-Jim-Sauce mit grünen Chilischoten, siehe Seite 237
Sweet-Chili-Sauce, siehe Seite 238
Garnelen-Saté, siehe Seite 144
Gegrillter Tintenfisch mit Knoblauch & Pfeffer, siehe Seite 40

·13·
KURKUMA

Hühnchen-Saté mit Kurkuma & Ingwer, siehe Seite 32
Gegrillter Fisch mit Kurkuma, siehe Seite 130
Gegrilltes Schweinefleisch mit Kräutersalat, siehe Seite 92
Fischcurry mit Kokosmilch, siehe Seite 152
Gegrilltes Hühnchen nach südthailändischer Art, siehe Seite 44
Süß-scharfe Hähnchenschlegel, siehe Seite 112

·14·
ZIMT

Bananen-Kokos-Pfannkuchen, siehe Seite 214
Aromatische Chickenwings mit Galgant, siehe Seite 90
Sauer-scharfer Rindfleischsalat mit geröstetem Reis & Koriander, siehe Seite 56
Aromatisch geräucherte Fischfilets, siehe Seite 138
Topping aus gerösteter Kokosnuss, siehe Seite 212

·15·
KREUZKÜMMEL-SAMEN

Gewürzmischung mit Salz & Pfeffer, siehe Seite 246
Massaman-Currypaste mit gerösteten Erdnüssen, siehe Seite 228
Siamesisches Hühnchen mit Ingwer, Koriander, Knoblauch & weißem Pfeffer, siehe Seite 98
Gaeng-Gari-Curry mit gebratenem Hühnerfleisch, siehe Seite 166

Kleine Happen & Fingerfood

Kapitel 1

Frühlingsrollen mit Glasnudeln und Schweinefleisch

Thailänder lieben Streetfood. Allein Frühlingsrollen gibt es wahrscheinlich in Hunderten von Varianten mit den unterschiedlichsten Füllungen. Diese hier gehören zu meinen Favoriten.

Für 6 Portionen
●●●●●
(3 Stück pro Person)

Vorbereitungszeit
10 Minuten

Einweichzeit
10 Minuten

Garzeit
5 Minuten pro Portion

Zutaten

200 g feine Glas- oder Reisnudeln

500 g mageres Hackfleisch vom Schwein

1 EL Fischsauce

½ TL Salz

1 TL Rohrohrzucker

2 Knoblauchzehen, fein gehackt

2 frische rote Chilischoten, von Samen befreit und fein gehackt

Blättchen von 3 Zweigen frischem Koriandergrün, grob gehackt

200 ml Pflanzenöl

Teigblätter für Frühlingsrollen (3 pro Person)

Gewürze

1 EL frisch gemahlener schwarzer Pfeffer

Zum Servieren

Nahm-Jim-Sauce mit grünen Chilischoten (siehe Seite 237)

1. Die Nudeln in einer Schüssel 10 Minuten in reichlich kaltem Wasser einweichen. Abgießen und abtropfen lassen, dann in kochendem, leicht gesalzenem Wasser etwa 4 Minuten bissfest garen. Abgießen und unter fließend kaltem Wasser abschrecken. Mit einer Schere in etwa 2 cm lange Stücke schneiden.

2. In einer großen Schüssel das Hackfleisch gründlich mit den klein geschnittenen Nudeln, der Fischsauce, dem Salz, dem Zucker und dem schwarzen Pfeffer vermischen. Anschließend den Knoblauch, die Chilischoten und den Koriander unterheben.

3. In einer Pfanne bei mittlerer Temperatur etwas Öl erhitzen. Einen Löffel voll von der Hackfleischmasse zu einem kleinen Bällchen formen und dieses in dem heißen Öl rundherum knusprig braten. Probieren und die Fleischmasse bei Bedarf nachwürzen. Dabei nicht vergessen, dass die Sauce zusätzlich salzige, scharfe und säuerliche Aromen mitbringt.

4. Die Teigblätter mit der Hackfleischmasse füllen und zu Frühlingsrollen verarbeiten, wie auf den Seiten 26–27 beschrieben.

5. In einem Wok oder einer tiefen Pfanne das Öl erhitzen wie auf Seite 27 beschrieben und darin die Frühlingsrollen in kleinen Portionen unter häufigem Wenden etwa 4 Minuten von allen Seiten goldgelb frittieren.

6. Die fertigen Frühlingsrollen mit einem Schaumlöffel aus dem heißen Öl heben und auf Küchenpapier abtropfen lassen, dann warm stellen. Vor dem Frittieren der nächsten Portion das Öl erneut etwa 1 Minute heiß werden lassen. Sobald alle Frühlingsrollen frittiert sind, mit Nahm-Jim-Sauce zum Dippen servieren.

So wird's gemacht
FRÜHLINGSROLLEN

Ergibt 18 Stück * Vorbereitungszeit 10 Minuten
Garzeit 5 Minuten pro Portion

  Hilfsmittel: kleine Schüssel mit Wasser, Backpinsel, sauberes Geschirrtuch, leicht eingeölte Platte, Pflanzenöl zum Frittieren

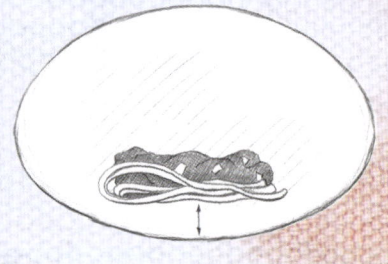

1 **EIN TEIGBLATT**

auf ein sauberes Geschirrtuch legen. 1 EL der vorbereiteten Füllung etwa 3 cm oberhalb der Unterkante auf das Blatt geben. Bis zu drei Frühlingsrollen können gleichzeitig zubereitet werden.

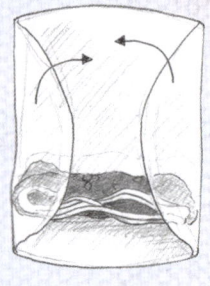

2 **DIE SEITENRÄNDER**

des Teigblatts nach innen über die Füllung einschlagen.

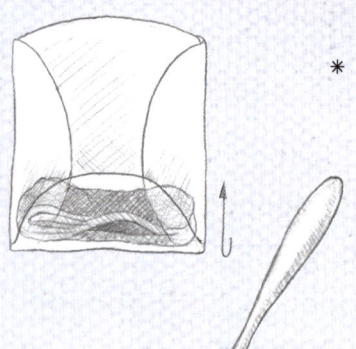

3 **DEN UNTEREN RAND**

des Teigblatts nach oben über die Füllung klappen, dann das Teigblatt behutsam, aber fest um die Füllung herum aufrollen. Das enge Aufrollen ist wichtig, damit die Frühlingsrollen die Form behalten.

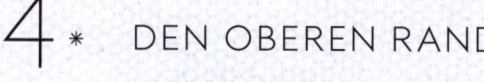

4 **DEN OBEREN RAND**

des Teigblatts mithilfe des Backpinsels mit etwas Wasser befeuchten.

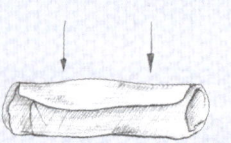

5 **DIE ROLLE**

durch sorgfältiges Andrücken des oberen Teigrands fest verschließen. Mit den beiden anderen Teigblättern ebenso verfahren. Die fertigen Rollen auf einer leicht eingeölten Platte ablegen.

Kleine Happen & Fingerfood

*Es gibt unzählige Varianten von Füllungen und Dipsaucen
für Thai-Frühlingsrollen. Selbst Übriggebliebenes lässt sich problemlos
zur köstlichen Füllung verarbeiten – mit frischen Kräutern
und anderen aromatischen Zutaten ergänzt, wird aus ein paar
Garnelen oder etwas gebratenem Hühnchen- oder Schweinefleisch
so ein ganz neues Gericht.*

* 6 *

EINEN WOK

*oder eine tiefe Pfanne mit schwerem Boden bei mittlerer Temperatur einige Minuten
erhitzen, dann bis zu einem Drittel mit Pflanzenöl auffüllen und dieses heiß werden lassen
(das Öl kann nach dem Abkühlen erneut verwendet werden). Sobald das Öl brutzelt und
Bläschen wirft, wenn man ein kleines Stück Brot hineingibt, ist es heiß genug. Falls nicht,
das Brot herausnehmen und das Öl weiter erhitzen.*

DIE FRÜHLINGSROLLEN

* 7 *

*in kleinen Portionen frittieren, damit das Öl während des Vorgangs
nicht zu stark abkühlt. Die Frühlingsrollen etwa 4 Minuten mit
einem Schaumlöffel im Wok hin- und herbewegen und gelegentlich
wenden, damit sie rundherum goldbraun und knusprig werden.
Dann mit einem Schaumlöffel aus dem Öl heben und auf Küchenpapier abtropfen lassen. Vor dem Frittieren der nächsten Portion
das Öl erneut etwa 1 Minute heiß werden lassen. Mit einer würzigen
Sauce zum Dippen und frischen Kräutern servieren.*

TIPP

Perfekte Frühlingsrollen haben eine bestimmte Form
und Größe – im Idealfall sind sie 3 cm breit und 6–8 cm lang.
Achten Sie darauf, sie schön fest und nicht zu groß zu rollen.

Stellen Sie die Dipsauce und die verschiedenen Kräuter
in einzelnen Schüsselchen auf den Tisch. Dann die
Frühlingsrollen nach Belieben mit Kräutern umwickeln,
in die Dipsauce tunken und genießen.

Kleine Happen & Fingerfood

Frühlingsrollen mit Knusperhühnchen,
Chili & Ingwer

Die frittierten Frühlingsrollen werden einfach in Koriandergrün gewickelt und in die Sauce gedippt – köstlich!

Für 4 Portionen
••••
(3 Stück pro Person)

Vorbereitungszeit
50 Minuten

Garzeit
15 Minuten pro Portion

Zutaten
200 ml Pflanzenöl
2 Knoblauchzehen, fein gehackt
1 frische rote Chilischote, von Samen befreit und fein gehackt
1 Stück frischer Ingwer (4 cm), geschält und gerieben
200 g Austernpilze, fein gehackt
50 g Zwiebeln, fein gehackt
¼ TL Salz
250 g Hackfleisch vom Huhn
4 Frühlingszwiebeln, fein gehackt
2 Eier
Blättchen von 1 Handvoll frischem Koriandergrün, grob gehackt
2 EL Fischsauce
Teigblätter für Frühlingsrollen (3 pro Person)

Gewürze
frisch gemahlener schwarzer Pfeffer
1 TL Fünf-Gewürze-Pulver

Zum Servieren
einige Blättchen frisches Koriandergrün
Sweet-Chili-Sauce (siehe Seite 238) oder sauer-scharfe Chilisauce (siehe Seite 234)

1. Einen Topf mit schwerem Boden bei hoher Temperatur erhitzen. Zunächst etwas Öl, dann den Knoblauch, die Chili und den Ingwer hineingeben. Die Temperatur reduzieren und alles 2 Minuten anschwitzen, bis es aromatisch duftet. Die Pilze und die Zwiebeln untermischen, dann die Temperatur erhöhen und alles kurz braten, bis die Pilze angebräunt sind und ein nussiges Aroma entfalten. Die Mischung mit Salz und schwarzem Pfeffer würzen.

2. In einer großen Schüssel das Hackfleisch, die Frühlingszwiebeln, die Eier, das gehackte Koriandergrün, das Fünf-Gewürze-Pulver und die Fischsauce vermengen, dann das gebratene Gemüse unterheben. In einer Pfanne bei mittlerer Temperatur etwas Öl erhitzen und eine kleine Portion der Fleischmischung darin 1–2 Minuten von allen Seiten garen. Probieren und bei Bedarf nachwürzen, dabei nicht vergessen, dass die Sauce zusätzlich salzige, scharfe und säuerliche Aromen mitbringt.

3. Die Teigblätter mit der Hackfleischmasse füllen und alles zu Frühlingsrollen verarbeiten, wie auf den Seiten 26–27 beschrieben.

4. In einem Wok oder einer tiefen Pfanne das Öl erhitzen wie auf Seite 27 beschrieben und darin die Frühlingsrollen in kleinen Portionen unter häufigem Wenden etwa 5 Minuten von allen Seiten goldgelb frittieren. Die fertigen Frühlingsrollen mit einem Schaumlöffel aus dem heißen Öl heben und auf Küchenpapier abtropfen lassen, dann warm stellen. Vor dem Frittieren der nächsten Portion das Öl erneut etwa 1 Minute heiß werden lassen.

5. Die Frühlingsrollen in Korianderblätter wickeln, nach Geschmack in eine der Saucen tunken und genießen.

Chao Tom
Pikante Garnelenfrikadellen auf Zitronengrasstängeln

Für 6 Portionen
●●●●●
(24 Stück)

Vorbereitungszeit
10 Minuten

Garzeit
4 Minuten

Chao Tom ist eine würzige Garnelenmasse, die gegrillt, gebraten oder, in Bananenblätter gewickelt, auch gedämpft werden kann. Die Zitronengrasstängel geben den Garnelenfrikadellen zusätzlich eine wunderbar frische Note.

Zutaten

12 Stängel Zitronengras

1 kg rohe Riesengarnelen, geschält und geputzt

2 Knoblauchzehen, fein gehackt

1 Stück frischer Ingwer (3 cm), geschält und fein gehackt

2 frische rote Chilischoten, von Samen befreit und fein gehackt

Blättchen von 1 Handvoll frischem Koriandergrün, grob gehackt

Saft von 1 Limette

1 Eiweiß

1 EL Fischsauce

1 EL Reismehl

Salz

Gewürze

frisch gemahlener schwarzer Pfeffer

Zum Servieren

Nahm-Jim-Sauce mit grünen Chilischoten (siehe Seite 237)

1. Das Wurzelende der Zitronengrasstängel entfernen, ohne dabei den Strunk, der die Blätter zusammenhält, zu beschädigen. Die Stängel auf eine Länge von 10–12 cm kürzen. Zunächst die harten Außenblätter entfernen, dann die Stängel der Länge nach halbieren, so dass 24 stabile Stäbe entstehen.

2. Alle restlichen Zutaten in der Küchenmaschine oder einem Mixer zu einer homogenen Masse verarbeiten. Die Mischung nicht zu lange pürieren, damit die Frikadellen nicht zu fest werden. Eine kleine Menge der Masse in einer Grillpfanne garen. Probieren und die Masse bei Bedarf nachwürzen.

3. Eine Grillpfanne oder den Grill stark erhitzen. Die Garnelenmasse in 24 gleich große Portionen teilen und jede zu einer Kugel formen. Jede dieser Kugeln auf einen Zitronengrasstängel stecken. Die Masse gut fest und etwas flach drücken, so dass die Spieße wie Lollis aussehen. Die Frikadellen in der heißen Grillpfanne oder auf dem Grill von jeder Seite etwa 2 Minuten goldbraun und durch grillen. Mit der Nahm-Jim-Sauce oder einer anderen Dipsauce servieren.

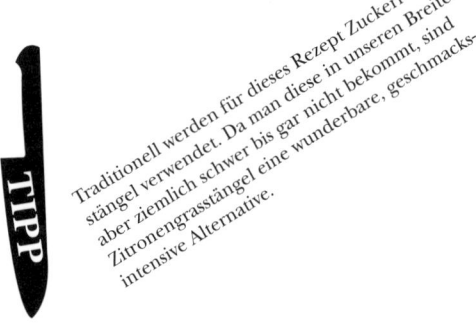

TIPP Traditionell werden für dieses Rezept Zuckerrohrstängel verwendet. Da man diese in unseren Breiten aber ziemlich schwer bis gar nicht bekommt, sind Zitronengrasstängel eine wunderbare, geschmacksintensive Alternative.

Kleine Happen & Fingerfood

Hühnchen-Saté
mit Kurkuma & Ingwer

Für 4-6 Portionen

Vorbereitungszeit
10 Minuten

Marinierzeit
1 Stunde

Garzeit
18 Minuten

Für Saté, zu Deutsch einfach »Spieß«, gibt es in Thailand eine Unmenge von Rezepten. Diese erhalten ihr einzigartiges Aroma durch Zitronengras, Kurkuma und Ingwer.

Zutaten
2 Zwiebeln, gehackt

1 Stück frischer Ingwer (5 cm), geschält und gerieben

2 Stängel Zitronengras, von harten Außenblättern befreit und fein gehackt

2 Knoblauchzehen, fein gehackt

2 frische mittelscharfe rote Chilischoten, von Samen befreit und fein gehackt

Saft von 1 Limette

2 EL Fischsauce

1 EL Tamarindenmark

½ TL Salz

1 kg Hähnchenschenkel ohne Haut und Knochen, in 3 cm große Würfel geschnitten

Gewürze
½ TL frisch gemahlener schwarzer Pfeffer

2 TL gemahlene Kurkuma

Außerdem
Bambusspieße, mindestens 30 Minuten in kaltem Wasser eingeweicht

Zum Servieren
Erdnusssauce (siehe Seite 242)

1. Die Zwiebeln, den Ingwer, das Zitronengras, den Knoblauch und die Chilischoten in der Küchenmaschine oder einem Mixer zu einer groben Paste verarbeiten. Den Limettensaft, die Fischsauce, das Tamarindenmark, das Salz und den schwarzen Pfeffer hinzufügen und alles glatt pürieren.

2. Die Mischung in einen Topf mit schwerem Boden geben und mit der Kurkuma verrühren. Alles bei mittlerer Temperatur erhitzen, dann etwa 10 Minuten sanft köcheln lassen, bis die Zwiebeln weich sind. Die Würzpaste abkühlen lassen.

3. Das Hühnchenfleisch in eine flache Schale geben. Die abgekühlte Würzpaste untermischen und so verteilen, dass das Fleisch vollständig bedeckt ist. Im Kühlschrank mindestens 1 Stunde ziehen lassen.

4. Anschließend drei Fleischstücke auf jeden der eingeweichten Spieße stecken.

5. Den Backofen- oder Gartengrill stark erhitzen und die Fleischspieße von jeder Seite 4 Minuten schön braun und gar grillen. Zur Probe ein Stück aufschneiden – das Fleisch sollte im Inneren weiß und nicht mehr rosafarben sein. Mit der Erdnusssauce servieren.

Kleine Happen & Fingerfood

Tod Man Khao Pad
Maisküchlein mit Currypaste

Diese knusprigen Küchlein schmecken besonders gut, wenn sie aus wirklich süßen und knackig frischen Maiskörnern zubereitet werden. Die im Teig verarbeitete Currypaste macht sie zu einem perfekten Snack, denn so sprechen sie sämtliche Geschmacksknospen an.

Für 4–6 Portionen

Vorbereitungszeit
10 Minuten

Garzeit
4–6 Minuten pro Portion

Zutaten
4 Kolben frischer Zuckermais
6 EL Reismehl
2 EL rote oder grüne Currypaste (siehe Seite 223 oder 224)
2 große Eier
1 EL Fischsauce
1 EL helle Sojasauce
¼ TL Salz
4 Frühlingszwiebeln, fein gehackt
Blättchen von 1 Handvoll frischem Koriandergrün, grob gehackt
Pflanzenöl

Gewürze
frisch gemahlener schwarzer Pfeffer

Zum Servieren
Limettenspalten und/oder eine Sauce aus Limettensaft oder Reisessig

1. Die Maiskörner mit einem scharfen Messer von den Kolben schneiden, ohne den holzigen Strunk zu berühren.

2. Das Reismehl, die Currypaste, die Eier, die Fischsauce, die Sojasauce, das Salz und den Pfeffer in einer großen Schüssel gründlich vermischen, dann die Maiskörner, die Frühlingszwiebeln und das Koriandergrün unterheben. Sollte die Masse zu trocken sein, 2 EL Wasser dazugeben.

3. In einer großen Pfanne mit schwerem Boden bei mittlerer Temperatur reichlich Öl so stark erhitzen, dass ein hineingeworfener Brotwürfel sofort zu brutzeln beginnt und bräunt. 1 EL der Maismasse in das heiße Öl geben und mit der Rückseite eines Löffels zu einem Bratling flach drücken. Auf die gleiche Weise weitere Bratlinge formen und diese portionsweise auf jeder Seite 2–3 Minuten goldbraun braten, bis sie aromatisch duften. Nicht zu viele Bratlinge auf einmal garen, damit die Öltemperatur nicht zu stark absinkt.

4. Die fertig frittierten Maisküchlein aus der Pfanne heben und auf Küchenpapier abtropfen lassen. Heiß oder handwarm mit Limettenspalten und/oder einer säuerlichen Sauce aus Limettensaft oder Reisessig servieren.

Kung Sang Wa
Marinierte Garnelen mit Ingwer & Kaffirlimettenblättern

Dieser herrlich frische Salat macht sich großartig auf jedem Partybüfett und ist im Handumdrehen zubereitet.

Für 4 Portionen

Vorbereitungszeit
10 Minuten

Garzeit
4 Minuten

Zutaten

12 große rohe Garnelen mit Schale
2 EL Limettensaft
2 EL Orangensaft
2 EL Fischsauce
½ TL extrafeiner Zucker
5 Kaffirlimettenblätter, von harten Stängeln und Rippen befreit und in feine Streifen geschnitten
2 Stängel Zitronengras, von harten Außenblättern befreit und in Scheiben geschnitten
3 Frühlingszwiebeln, fein gehackt
1 Stück frischer Ingwer (4 cm), geschält und gerieben
2 frische mittelscharfe rote Chilischoten, von Samen befreit und fein gehackt
Blättchen von 4 Zweigen frischer Minze
Blättchen von 4 Zweigen Koriandergrün

1. Eine Grillpfanne oder den Gartengrill stark erhitzen. Die Garnelen von beiden Seiten etwa 2 Minuten grillen. Die gegarten Garnelen schälen und putzen, dann das Fleisch grob zerkleinern und beiseitestellen.

2. In einer Schüssel den Limetten- und den Orangensaft so lange mit der Fischsauce und dem Zucker verrühren, bis sich der Zucker vollständig aufgelöst hat. Das Garnelenfleisch und die Kaffirlimettenblätter untermischen und die Garnelen 3 Minuten in der Marinade ziehen lassen.

3. Anschließend das Zitronengras, die Frühlingszwiebeln, den Ingwer sowie die Chilischoten mit den Garnelen vermengen. Zum Schluss die Kräuter behutsam unterheben und den Salat abschmecken.

TIPP Anstelle der Garnelen können Sie ganz nach Geschmack auch andere Krustentiere wie Langusten, Hummer oder Krebse verarbeiten. Auch sie liefern die süßliche Tiefe, die für dieses Gericht charakteristisch ist.

Gebratene Garnelen
in Tamarindenmarinade

Für 4 bis 6 Portionen
●●●–●●●●●

Vorbereitungszeit
5 Minuten

Marinierzeit
30 Minuten

Garzeit
4 Minuten

Der saftigen Süße der Garnelen stehen hier säuerliche Tamarinde, zart karamellisierte und doch salzige Sojasauce sowie scharfe Chilischoten und schwarzer Pfeffer gegenüber. Die Marinade schmeckt auch zu Fisch, anderen Krustentieren, Hühnchen- oder Schweinefleisch ausgezeichnet.

Zutaten
2 EL Tamarindenmark
1 EL helle Sojasauce
½ TL Rohrohrzucker
600 g rohe Garnelen, geschält und geputzt
2 EL Pflanzenöl
1 Prise Salz

Gewürze
1 TL frisch gemahlener schwarzer Pfeffer
¼ TL Chiliflocken

1. In einer Schüssel das Tamarindenmark, die Sojasauce, die Gewürze und den Zucker gründlich verrühren. Die Garnelen sorgfältig in der Marinade wenden, dann zugedeckt 30 Minuten im Kühlschrank ziehen lassen. Währenddessen zwei- bis dreimal wenden.

2. Die marinierten Garnelen salzen. In einer Pfanne das Öl stark erhitzen und die Garnelen darin von jeder Seite etwa 2 Minuten kräftig dunkelbraun braten. Als Vorspeise mit Gurkenscheiben oder als Teil einer Hauptmahlzeit mit verschiedenen Salaten und gebratenem Fleisch servieren.

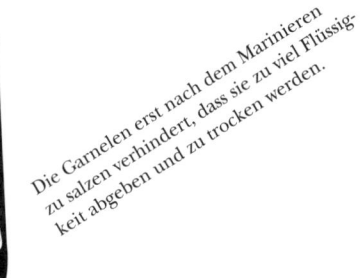

TIPP: Die Garnelen erst nach dem Marinieren zu salzen verhindert, dass sie zu viel Flüssigkeit abgeben und zu trocken werden.

Kleine Happen & Fingerfood

Gegrillter Tintenfisch
mit Knoblauch & Pfeffer

Gerichte wie dieses bekommt man an den Küsten Thailands und Südostasiens überall. Es gibt ebenso viele Varianten, wie es Straßenhändler gibt, die sie an ihren kleinen Ständen und tragbaren Grills verkaufen. Sie eignen sich wunderbar als Vorspeise, Cocktailhappen oder erster Gang beim Grillen.

Für 4 Portionen
••••

Vorbereitungszeit
10 Minuten

Garzeit
3 Minuten

Zutaten
2 Knoblauchzehen, fein gehackt

3 frische kleine grüne Chilischoten, von Samen befreit und fein gehackt

1 Stück frischer Ingwer (4 cm), geschält und gerieben

Saft von 1 Zitrone

2 EL Fischsauce

1 TL geriebener Palmzucker (alternativ Kokosblüten- oder Rohrohrzucker)

3 große Tintenfische (etwa 15–23 cm Körperlänge), küchenfertig ausgenommen, geputzt und von den Tentakeln befreit (siehe Seite 116 oder vom Fischhändler)

Salz

Pflanzenöl

Gewürze
½ TL frisch gemahlener weißer Pfeffer

1. Den Backofen- oder Gartengrill stark vorheizen.

2. Für die Dipsauce den Knoblauch, die Chilischoten, den Ingwer, den Zitronensaft und die Fischsauce in einer Schüssel gründlich verrühren. Zuletzt den Palmzucker untermischen.

3. Die Tintenfischstücke mit Küchenpapier trocken tupfen. Die Innenseiten der Tuben so diagonal einschneiden, dass ein Rautenmuster entsteht. Alles mit Salz und weißem Pfeffer würzen.

4. Den heißen Grillrost mit etwas Öl bestreichen. Die Tintenfischtuben zunächst auf der Außenseite 90 Sekunden grillen. Dann mit einer Grillzange wenden und auf der eingeritzten Seite weitere 60 Sekunden grillen. Den gegrillten Tintenfisch mit der Dipsauce servieren.

Garnelen-Miang

Für 4 Portionen
••••

Vorbereitungszeit
10 Minuten

Garzeit
7 Minuten

Diese dekorativen Happen weisen sämtliche Merkmale authentischer Thai-Küche auf: Sie schmecken unwiderstehlich und faszinierend vielschichtig – kleine Bissen, die für eine echte Geschmacksexplosion sorgen.

Zutaten

1 Stück frischer Ingwer (2 cm), geschält und gerieben

1 TL Garnelenpaste (siehe Seite 18)

4 EL Kokosraspel, geröstet

2 frische rote Chilischoten, von Samen befreit und fein gehackt

2 EL Fischsauce

1 EL geriebener Palmzucker

Saft von ½ Limette

200 g gekochte Garnelen, geschält, geputzt und bei Bedarf zerkleinert

½ Limette, geschält und fein gewürfelt

1 Stück frischer Ingwer (3 cm), geschält und in feine Würfel geschnitten

4 kleine Schalotten, fein gewürfelt

2 EL Erdnüsse ohne Haut, goldbraun geröstet und grob zerstoßen

1 Stängel Zitronengras, von harten Außenblättern befreit und fein gewürfelt

Zum Servieren

8 Blätter Romanasalat

1. Eine Pfanne ohne Öl stark erhitzen und den geriebenen Ingwer sowie die Garnelenpaste darin unter Rühren 3 Minuten rösten, bis die Mischung sich goldbraun gefärbt hat und aromatisch duftet.

2. Die Masse in einen Mörser geben und mit der Hälfte der Kokosraspel und den Chilischoten zu einer glatten Paste verarbeiten.

3. Die Paste zurück in die Pfanne geben, die Fischsauce, den Palmzucker und 6 EL Wasser unterrühren und alles etwa 7 Minuten köcheln und etwa um die Hälfte eindicken lassen. Dann den Limettensaft untermischen und die Sauce sorgfältig abschmecken – sie sollte gleichermaßen süß und sauer, salzig und scharf sein.

4. Die Garnelen in einer Schüssel mit der Limette, dem gewürfelten Ingwer, 4 EL von der Sauce, den restlichen Kokosraspeln sowie allen anderen Zutaten vermengen. Auf kleinen Romanablättern anrichten und servieren.

Gegrilltes Hühnchen
nach südthailändischer Art

Diese appetitlichen kleinen Hühnchenschnitzel bestechen durch die erstaunliche Ausgewogenheit ihrer Geschmackskomponenten – sie sind scharf, süß, salzig und säuerlich zugleich. Von diesem herrlich würzigen Geschmackserlebnis werden Ihre Freunde nicht genug bekommen.

Für 4 Portionen

••••

Vorbereitungszeit
5 Minuten

Garzeit
10 Minuten

Zutaten
2 EL Pflanzenöl
2 Knoblauchzehen, fein gehackt
1 kleine Zwiebel, gehackt
4 EL Kokoscreme
2 EL Fischsauce
1 TL Honig
300 g Hähnchenbrustfilet, in 5 mm dünne Scheiben geschnitten
Saft von 1 Limette
Blättchen von 4 Zweigen frischem Koriandergrün, zerpflückt

Gewürze
1 TL mittelscharfes Currypulver
1 TL gemahlene Koriandersamen
½ TL gemahlener Ingwer
½ TL gemahlene Kurkuma

1. In einem Wok oder einer tiefen Pfanne bei hoher Temperatur das Öl erhitzen und den Knoblauch darin goldbraun braten. Die Zwiebel dazugeben, dann die Temperatur reduzieren und alles unter Rühren 3 Minuten garen, bis die Zwiebel weich ist.

2. Die trockenen Gewürze in die Mischung einrühren und 1 Minute mitbraten, bis sie aromatisch duften. Die Kokoscreme, die Fischsauce und den Honig untermischen und alles 2 Minuten köcheln lassen, dann vom Herd nehmen und abkühlen lassen.

3. Den Gartengrill oder eine Grillpfanne erhitzen.

4. Sobald die Currypaste abgekühlt ist, die Hähnchenstreifen sorgfältig darin wenden, bis sie gleichmäßig damit bedeckt sind.

5. Die Hühnchenstücke auf dem heißen Grill oder in der Pfanne von jeder Seite 3 Minuten grillen. Dabei regelmäßig wenden, damit sie nicht anhaften.

6. Das Fleisch vom Grill nehmen, mit Limettensaft beträufeln und mit dem Koriandergrün bestreuen.

So wird's gemacht
THAI-FISCHFRIKADELLEN

Ergibt: 24 Stück ∗ Vorbereitungszeit: 10 Minuten ∗ Garzeit: 10 Minuten

Die Kunst bei der Zubereitung dieses Klassikers der thailändischen Straßenküche liegt darin, die Fischküchlein zart, aber nicht zu weich zu machen. Sie können verschiedene Sorten von Fisch oder eine Mischung aus Fisch und Krabbenfleisch oder Garnelen verwenden. Auch bei den Würzkomponenten bieten sich unzählige Möglichkeiten – eine Auswahl frischer Kräuter, eine Currypaste für mehr Schärfe …

 Hilfsmittel: Küchenmaschine, Mörser und Stößel, leicht eingeölte Platte, Wok, Pflanzenöl zum Frittieren

∗1∗

IN DER KÜCHENMASCHINE

oder einem Mixer 500 g weißfleischiges Fischfilet wenige Sekunden zerkleinern – der Fisch sollte noch Textur besitzen, also nicht püriert werden.

IM MÖRSER

2 Knoblauchzehen, 2 gehackte Korianderwurzeln, 1 in feine Scheiben geschnittene Schalotte, 3 von Samen befreite und fein gehackte frische rote Chilischoten und 1 Stück (4 cm) geschälter und grob gehackter frischer Ingwer mit ½ TL Salz zu einer glatten Paste verarbeiten.

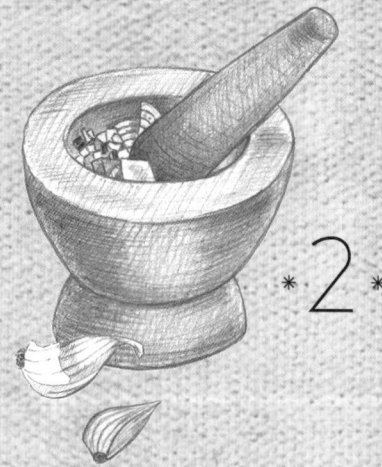

∗2∗

3 IN EINER SCHÜSSEL

die Würzpaste sorgfältig mit den Händen mit der Fischmasse und 1 EL Fischsauce zu einer homogenen Masse verkneten.

4 AUS DEM HANDGELENK

je 1 kleine Handvoll von der Mischung mit Schwung gegen die Schüsselwand werfen. Diesen Schritt 3–4 Minuten stetig wiederholen. Das klingt vielleicht merkwürdig, macht den Fisch aber wunderbar zart, da auf diese Weise die Proteine aufgespalten werden.

5 MIT EINGEÖLTEN HÄNDEN

die Mischung in 24 gleich große Portionen teilen und jede zu einer Kugel formen. Diese unmittelbar vor dem Frittieren zu etwa 1 cm dicken Frikadellen von etwa 5 cm ø flach drücken.

6 IN EINEM WOK

oder einer tiefen Pfanne mit schwerem Boden das Öl auf 200 °C erhitzen. Die Fischfrikadellen darin portionsweise 2–3 Minuten goldbraun frittieren. Auf Küchenpapier abtropfen lassen und mit einer Dipsauce servieren.

Wenn Sie die Fischfrikadellen im Voraus vorbereiten möchten, können Sie diese auf einer eingeölten Platte im Kühlschrank lagern, bis sie frittiert werden.

Kleine Happen & Fingerfood

Thai-Fischfrikadellen
mit Gurken-Relish

Für 6 Portionen
●●●●●
(24 Stück)

Vorbereitungszeit
10 Minuten

Kühlzeit
30 Minuten

Garzeit
10 Minuten

Kombiniert mit einem erfrischenden Aperitif eignet sich dieses großartige Streetfood-Gericht perfekt dazu, Ihre Gäste auf ein köstliches Abendessen einzustimmen.

Zutaten

500 g weißfleischiges Fischfilet (z. B. Kabeljau, Seelachs oder Lengfisch)
2 Knoblauchzehen
2 Korianderwurzeln, gehackt
4 Schalotten, in feine Scheiben geschnitten
4 frische lange rote Chilischoten, von Samen befreit und fein gehackt
1 Stück frischer Ingwer (4 cm), geschält und gerieben
1 TL Salz
1 EL Fischsauce
60 g grüne Bohnen, in feine Streifen geschnitten
5 Kaffirlimettenblätter, von harten Stängeln und Rippen befreit und fein gehackt
Pflanzenöl
75 ml Reisessig
2 EL extrafeiner Zucker
1 Gurke, geschält und in feine Streifen geschnitten
Saft von 1 Limette
Blättchen von 4 Zweigen frischem Koriandergrün, grob gehackt
2 EL Erdnusskerne ohne Haut, geröstet und zerstoßen

1. Zunächst das Fischfilet in der Küchenmaschine oder einem Mixer wenige Sekunden zerkleinern – der Fisch sollte noch Textur besitzen, also nicht püriert werden.

2. Den Knoblauch, die Korianderwurzeln, eine der Schalotten, drei von den Chilischoten, den Ingwer und ½ TL Salz in einem Mörser zu einer glatten Paste verarbeiten. Die Würzpaste in einer Schüssel mit der Fischmasse, der Fischsauce, den grünen Bohnen und den Kaffirlimettenblättern sorgfältig mit den Händen zu einer homogenen Masse verkneten.

3. Die Mischung gründlich durcharbeiten, wie auf Seite 47 beschrieben.

4. In 24 gleich große Portionen teilen und jede mit leicht eingeölten Händen zu einer Kugel formen. Diese auf eine eingeölte Platte legen und 30 Minuten im Kühlschrank ruhen lassen.

5. In der Zwischenzeit für das Gurken-Relish den Essig, den Zucker und ½ TL Salz in einem säurebeständigen Topf unter Rühren erwärmen, bis der Zucker sich vollständig aufgelöst hat. Die Mischung 1 Minute köcheln, dann abkühlen lassen. Anschließend die Gurken, die restlichen Schalotten sowie die restliche Chilischote vorsichtig unterheben. Den Limettensaft, das gehackte Koriandergrün und die Erdnüsse einrühren. Bis zum Verzehr beiseitestellen.

6. Unmittelbar vor dem Frittieren die gekühlten Fischbällchen zu etwa 1 cm dicken Frikadellen mit 5 cm ø flach drücken. Die Fischfrikadellen frittieren, wie auf Seite 47 beschrieben, anschließend auf Küchenpapier abtropfen lassen und mit dem Gurken-Relish servieren.

Frittierte Krebsfleischfrikadellen
mit Koriander

Krebsfleisch hat einen angenehm süßlichen Geschmack und verleiht jeder gewöhnlichen Fischfrikadelle eine wunderbare Textur.

Für 6 Portionen
•••••
(30 Stück)

Vorbereitungszeit
10 Minuten

Kühlzeit
30 Minuten

Garzeit
10 Minuten

Zutaten

300 g weißfleischiges Fischfilet (z. B. Kabeljau, Seelachs oder Lengfisch)

2 Knoblauchzehen, gehackt

2 Korianderwurzeln, gehackt

3 frische lange grüne Chilischoten, von Samen befreit und fein gehackt

1 Stück frischer Ingwer (4 cm), geschält und gerieben

½ TL Salz

1 EL Fischsauce

3 Frühlingszwiebeln, fein gehackt

Blättchen von 3 Zweigen frischem Koriandergrün, grob gehackt

Blättchen von 3 Zweigen frischem Basilikum, grob gehackt

300 g ausgelöstes gegartes Krebsfleisch (aus dem Fischgeschäft oder gut sortierten Supermarkt)

Pflanzenöl

Zum Servieren

Sweet-Chili-Sauce (siehe Seite 238)

1. Zunächst das Fischfilet in der Küchenmaschine oder einem Mixer wenige Sekunden zerkleinern – der Fisch sollte noch Textur besitzen, also nicht püriert werden.

2. Den Knoblauch, die Korianderwurzeln, die Chilischoten, den Ingwer und das Salz in einem Mörser zu einer glatten Paste verarbeiten. Die Würzpaste in einer Schüssel gründlich mit den Händen mit der Fischmasse, der Fischsauce und den gehackten Frühlingszwiebeln verkneten.

3. Die Mischung gründlich durcharbeiten, wie auf Seite 47 beschrieben. Anschließend die gehackten Kräuter und das Krebsfleisch untermischen.

4. Die Fischmasse in 30 gleich große Portionen teilen und jede mit leicht eingeölten Händen zu einer Kugel formen. Diese auf eine eingeölte Platte legen und 30 Minuten im Kühlschrank ruhen lassen.

5. Die Krebsfleischfrikadellen frittieren, wie auf Seite 47 beschrieben. Die fertigen Küchlein auf Küchenpapier abtropfen lassen, dann mit der Sweet-Chili-Sauce servieren.

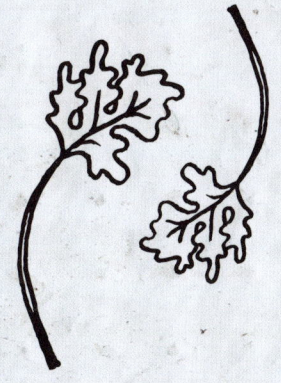

Kapitel 2

Garnelen-Nudel-Salat
mit Chilischoten & gerösteten Cashewkernen

Für 4 Portionen

••••

Vorbereitungszeit
10 Minuten

Dieser Salat begeistert mit seinen kontrastierenden Farben und Texturen die Augen ebenso sehr wie den Gaumen.

Zutaten
1 frische rote Chilischote, von Samen befreit und fein gehackt

1 Stück frischer Ingwer (4 cm), geschält und gerieben

Saft von 2 Limetten

2 EL helle Sojasauce

2 TL Sesamöl

250 g gegarte feine Reisnudeln, abgetropft und gekühlt

250 g gegarte Garnelen, geschält und geputzt

4 Frühlingszwiebeln, fein gehackt

Salz

Blättchen von 4 Zweigen frischer Minze, zerpflückt

Blättchen von 4 Zweigen Koriandergrün, zerpflückt

3 EL Cashewkerne, geröstet

Gewürze
frisch gemahlener schwarzer Pfeffer

1. In einer großen Schüssel die Chilischote, den Ingwer und den Limettensaft vermischen. Die helle Sojasauce und das Sesamöl einrühren, dann die Nudeln und die Garnelen dazugeben und alles sorgfältig vermengen. Die Frühlingszwiebeln unterheben und alles mit etwas Salz und viel schwarzem Pfeffer würzen.

2. Kurz vor dem Servieren die frischen Kräuter untermischen. Das sollte erst unmittelbar vor dem Verzehr passieren, um zu verhindern, dass sich die Kräuter durch die Säure des Dressings dunkel verfärben. Den Salat mit den gerösteten Cashewkernen bestreuen, noch einmal abschmecken und servieren.

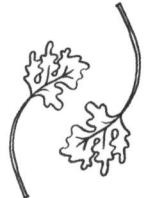

Sauer-scharfer Rindfleischsalat
mit geröstetem Reis & Koriander

Für 4 Portionen

••••

Vorbereitungszeit
10 Minuten

Garzeit
6–8 Minuten

Ruhezeit
5 Minuten

In diesem Salat sind wirklich alle Geschmackskomponenten vertreten, die man sich wünschen kann: Er schmeckt gleichermaßen scharf, süß, salzig und säuerlich. Das Rindfleisch steuert einen vollen, süßlichen Geschmack bei, der durch das köstliche Dressing noch unterstrichen wird.

Zutaten
Salz

400 g Oberschale vom Rind

2 frische lange rote Chilischoten, von Samen befreit und fein gehackt

3 Frühlingszwiebeln, in feine Ringe geschnitten

Blättchen von ½ Bund frischem Koriandergrün

12 Blättchen frische Minze, in feine Streifen geschnitten

Saft von 3 Limetten

2 EL helle Sojasauce

4 EL gemahlener gerösteter Reis (siehe Seite 17) oder geröstete Sesamsamen

Gewürze
frisch gemahlener schwarzer Pfeffer

1 TL gemahlener Zimt

1 TL gemahlener Kreuzkümmel

1 TL gemahlene Koriandersamen

1. Das Salz, den Pfeffer und die restlichen gemahlenen Gewürze in einem Schüsselchen vermischen und das Rindfleisch rundherum mit der Mischung einreiben.

2. Eine Grillpfanne, den Backofengrill oder den Gartengrill stark erhitzen. Das Rindfleisch 6–8 Minuten medium, nach Geschmack auch länger oder kürzer grillen. Anschließend das Fleisch 5 Minuten ruhen lassen, dabei den austretenden Bratensaft auffangen.

3. In einer großen Schüssel die Chilischoten, die Frühlingszwiebeln, die frischen Kräuter, den Limettensaft sowie die Sojasauce vermengen. Das Rindfleisch in Streifen schneiden und zusammen mit dem aufgefangenen Bratensaft untermischen. Zuletzt die Hälfte des Reises oder der Sesamsamen unterheben. Die Mischung abschmecken und bei Bedarf nachwürzen.

4. Den Salat mit dem restlichen gemahlenen Reis oder den Sesamsamen bestreuen und servieren.

TIPP: Für eine vegetarische Version können Sie das Rindfleisch durch gegrillte Pilze und Spargel ersetzen.

Salate 57

Asiatischer Nudelsalat
mit gebratener Ente & gerösteten Sesamsamen

Der volle, süßliche Geschmack gebratenen Entenfleischs wird in diesem wunderbar frischen Salat durch die fruchtige Säure von Limetten durchbrochen.

Für 6 Portionen
● ● ● ● ● ●

Einweichzeit
10 Minuten

Vorbereitungszeit
10 Minuten

Garzeit
5 Minuten

Zutaten

300 g feine Glasnudeln oder Reisnudeln

1 Stück frischer Ingwer (4 cm), geschält und gerieben

1 EL Sweet-Chili-Sauce (siehe Seite 238)

Saft von 2 Limetten

2 EL helle Sojasauce

2 TL Sesamöl

1 Gurke, der Länge nach halbiert, von Samen befreit und in dünne Scheiben geschnitten

3 Frühlingszwiebeln, fein gehackt

Salz

Blättchen von 3 Zweigen frischem Basilikum

Blättchen von 3 Zweigen frischem Koriandergrün

2 EL Sesamsamen, geröstet

½ knusprig gebratene Ente (aus dem China-Restaurant oder gut sortierten Supermarkt), in Streifen geschnitten

Gewürze

frisch gemahlener schwarzer Pfeffer

1. In einer Schüssel die Nudeln 10 Minuten in kaltem Wasser einweichen. Dann abgießen und in kochendem, leicht gesalzenem Wasser etwa 4 Minuten bissfest garen. Abgießen und unter fließend kaltem Wasser abschrecken.

2. Für das Dressing in einer Schüssel den Ingwer, die Sweet-Chili-Sauce, den Limettensaft, die Sojasauce und das Sesamöl gründlich vermischen.

3. In einer großen Schüssel die Nudeln, die Gurke und die Frühlingszwiebeln mit etwas Salz und viel schwarzem Pfeffer würzen und alles sorgfältig vermengen.

4. Kurz vor dem Servieren die Kräuter unter den Salat heben und die Mischung mit den gerösteten Sesamsamen bestreuen. Den Salat mit dem Dressing beträufeln, abschmecken und bei Bedarf nachwürzen. Mit der gebratenen Ente servieren.

Yam Som Tam
Sauer-scharfer Salat mit grüner Papaya

Für 4 bis 6 Portionen

Vorbereitungszeit
20 Minuten

Garzeit
3–4 Minuten

Zutaten
2 EL Erdnusskerne ohne Haut
2 kleine Vogelaugenchilischoten
2 Knoblauchzehen
1 Prise Salz
2 Schalotten, in feine Ringe geschnitten
6 unreife Kirschtomaten, geviertelt
1 Stück Palmzucker (3 cm) oder 1 TL Rohrohrzucker
Saft von 2 Limetten
1 EL Fischsauce
1 große unreife grüne Papaya oder 2 unreife grüne Mangos, geschält, entsteint und in feine Stifte geschnitten
Blättchen von 1 Handvoll frischem Koriandergrün, zerpflückt

Varianten dieses köstlich frischen Salats finden sich in ganz Südostasien. Überall in den Straßen, auf den Märkten und an den Stränden kann man dabei zusehen, wie die Zutaten für dieses besondere Geschmackserlebnis in einem Mörser zermahlen werden.

1. Den Backofen auf 170 °C vorheizen. Die Erdnusskerne auf einem Backblech verteilen, in den Ofen schieben und 3–4 Minuten goldgelb anrösten.

2. Die Chilischoten, den Knoblauch und das Salz in einem Mörser zu einer glatten Paste zerreiben. Die Menge der Chilischoten kann nach Geschmack variiert werden.

3. Die Schalotten, die Kirschtomaten und den Palmzucker hinzufügen und alles zu einer groben Paste verarbeiten. Während des Mörserns die Mischung immer wieder von unten nach oben schieben, um alle Zutaten gründlich zu vermischen.

4. Nun zunächst den Limettensaft und die Fischsauce einarbeiten, dann die gerösteten Erdnüsse dazugeben und grob zerstoßen.

5. Die Papaya oder die Mango in eine große Servierschüssel geben und mit dem Dressing vermengen. Die Korianderblätter unterheben. Den Salat abschmecken und bei Bedarf nachwürzen.

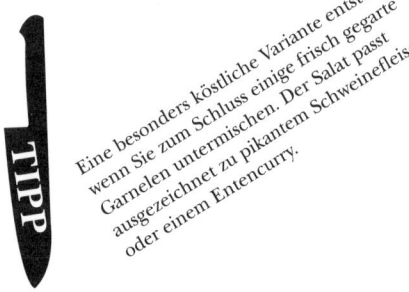

TIPP Eine besonders köstliche Variante entsteht, wenn Sie zum Schluss einige frisch gegarte Garnelen untermischen. Der Salat passt ausgezeichnet zu pikantem Schweinefleisch oder einem Entencurry.

Salate 61

Salat mit gegrillten Garnelen & Thai-Basilikum

Süßes Thai-Basilikum, auch unter der Bezeichnung Horapa-Basilikum geläufig, hat ein unverwechselbares Aroma von Süßholz und Anis und häufig dunkelviolette Blüten und Stängel. Man kann die Pflanze problemlos aus Samen ziehen, bekommt sie aber auch in vielen Asia- und Gemüseläden sowie gut sortierten Supermärkten.

Für 4 Portionen
••••

Vorbereitungszeit
10 Minuten

Garzeit
4 Minuten

Zutaten
400 g rohe Garnelen ohne Schale
Salz
2 frische lange grüne Chilischoten, von Samen befreit und fein gehackt
1 Stück frischer Ingwer (3 cm), geschält und gerieben
1 Stängel Zitronengras, von harten Außenblättern befreit und fein gehackt
2 Frühlingszwiebeln, fein gehackt
abgeriebene Schale und Saft von einer 1 unbehandelten Limette
Saft von 1 Orange
2 TL geriebener Palmzucker
1 EL Fischsauce
1 EL helle Sojasauce
Blättchen von 3 Zweigen frischem Thai-Basilikum (Horapa) oder 2 Zweigen frischem Basilikum und 1 Zweig frischer Minze, zerpflückt

Gewürze
frisch gemahlener schwarzer Pfeffer

1. Eine Grillpfanne oder den Backofengrill stark erhitzen. Die Garnelen mit Salz und schwarzem Pfeffer würzen und von beiden Seiten 2 Minuten grillen, bis sie gar sind.

2. In einer großen Schüssel die Chilischoten, den Ingwer, das Zitronengras, die Frühlingszwiebeln, Limettenschale und -saft sowie den Orangensaft gründlich vermengen.

3. Den Palmzucker, die Fischsauce, die Sojasauce und die noch heißen Garnelen zu dem Dressing in die Schüssel geben und alles sorgfältig vermischen. Dann den Salat einige Minuten abkühlen lassen.

4. Kurz vor dem Servieren das Thai-Basilikum oder die gemischten Basilikum- und Minzeblättchen unterheben.

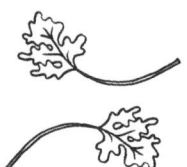

Hühnerfleischsalat
mit Sesam und weißem Pfeffer

Für 4 Portioneen
••••

Vorbereitungszeit
10 Minuten

Dämpfzeit
20 Minuten

Garzeit
5 Minuten

Zutaten
4 Zweige frisches Koriandergrün
1 Stück frischer Ingwer (4 cm)
6 Stangen Staudensellerie aus der Mitte der Staude
3 Hähnchenbrustfilets
2 Knoblauchzehen, fein gehackt
2 grüne Chilischoten, von Samen befreit und fein gehackt
4 Frühlingszwiebeln, fein gehackt
2 EL Fischsauce
2 EL Reisessig
¼ TL Salz
1 TL extrafeiner Zucker
2 EL Sesamöl
2 EL Sesamsamen

Gewürze
6 weiße Pfefferkörner
1 TL frisch gemahlener weißer Pfeffer

Dieser attraktive Salat stammt aus dem Nordosten Thailands. Er besitzt eine wunderbare Textur und gibt, unterstützt durch Reis oder Nudeln, eine befriedigende Hauptmahlzeit ab, kann aber natürlich auch als Teil einer größeren Mahlzeit genossen werden.

1. Die Blättchen von den Korianderzweigen zupfen und beiseitestellen. Den Ingwer schälen. Die Korianderstängel zusammen mit zwei von den Selleriestangen, der Ingwerschale und 6 weißen Pfefferkörnern in einen Topf mit Wasser geben und das Ganze zum Kochen bringen. Sobald die Brühe kocht, die Hähnchenbrust dazugeben. Alles erneut aufkochen und dann etwa 5 Minuten köcheln lassen, dabei aufsteigenden Schaum abschöpfen. Den Topf von der Kochstelle nehmen und die Brühe zugedeckt 20 Minuten ruhen lassen, um perfekt gegartes, saftiges Hühnerfleisch zu erhalten. Das Fleisch nach 20 Minuten aus der Brühe heben und auf einem Teller abkühlen lassen.

2. Die restlichen Selleriestangen in feine Scheiben schneiden. In einem kleinen Topf etwas Wasser zum Kochen bringen und die Selleriestücke darin etwa 10 Sekunden blanchieren. Dann unter fließend kaltem Wasser abschrecken, um den Garprozess zu unterbrechen. Abtropfen lassen und beiseitestellen.

3. Für das Dressing den geschälten Ingwer hacken und in einer Schüssel mit dem Knoblauch, den Chilischoten, den Frühlingszwiebeln, der Fischsauce, dem Essig, dem Salz, dem Zucker und dem weißen Pfeffer vermischen. Gut durchziehen lassen.

4. Das pochierte Hühnerfleisch in etwa 1 cm breite und 3 cm lange Streifen schneiden. In einer Schüssel mit dem blanchierten Sellerie und dem Sesamöl vermengen. Das Ganze mit dem Dressing übergießen und alles etwa 5 Minuten ziehen lassen.

5. Eine kleine Pfanne bei mittlerer Temperatur erhitzen und die Sesamsamen darin 3–4 Minuten trocken rösten, bis sie anfangen zu springen und sich goldbraun färben.

6. Die Korianderblättchen zerpflücken und behutsam unter den Salat heben. Alles mit den Sesamsamen bestreuen, locker vermengen und servieren.

Knackiger Koriander-Kraut-Salat
mit gerösteten Cashewkernen

Für 4 Portionen
••••

Vorbereitungszeit
15 Minuten

Mit seinen vielen unterschiedlichen Grüntönen ist dieser ungewöhnliche Salat nicht nur ein Fest für den Gaumen, sondern auch ein wahrer Augenschmaus, der Ihre Gäste mit Sicherheit begeistern wird.

Zutaten
1 mittelgroßer Kopf Weißkohl, von harten Außenblättern befreit

2 frische grüne Chilischoten, von Samen befreit und fein gehackt

abgeriebene Schale und Saft von 2 unbehandelten Limetten

1 EL Sesamöl

1 EL helle Sojasauce

1 EL Fischsauce

1 Stück frischer Ingwer (4 cm), geschält und in feine Stifte geschnitten

4 Frühlingszwiebeln, in feine Ringe geschnitten

Blättchen von ½ Bund frischem Koriandergrün

Blättchen von ½ Bund frischer Minze

100 g Cashewkerne, geröstet

1. Den Kohlkopf der Länge nach vierteln und jedes Viertel mit einem scharfen Messer von dem harten Mittelstrunk befreien. Den Kohl in feine Streifen hobeln und in eine große Schüssel geben.

2. Für das Dressing die Chilischoten, Limettenschale und -saft, das Sesamöl, die Sojasauce sowie die Fischsauce vermischen.

3. Den Ingwer, die Frühlingszwiebeln, die Koriander- und Minzeblättchen sowie zwei Drittel der Cashewkerne zu dem Kraut in die Schüssel geben.

4. Den Salat kurz vor dem Servieren mit dem Dressing beträufeln und alles behutsam, aber gründlich, am besten mit den Händen, vermengen. Mit den restlichen Cashewkernen bestreuen.

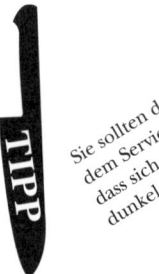

TIPP Sie sollten den Salat unbedingt erst kurz vor dem Servieren anmachen, um zu vermeiden, dass sich die Blätter durch die Säure im Dressing dunkel verfärben und die Nüsse weich werden.

Salate

Aromatischer Räucherfischsalat
mit asiatischen Kräutern & gerösteten Cashewkernen

Für 4 bis 6 Portionen

Vorbereitungszeit
20 Minuten

Dieser Salat sieht einfach umwerfend aus. Durch das Räuchern färbt sich der Fisch zum Teil orangegelb und wird so zu einem weiteren Farbtupfer in dieser leuchtend bunten Köstlichkeit.

1. Die Chilischoten zusammen mit etwas Salz in einem Mörser zu einer glatten Paste zerreiben. Den Limettensaft, die Sojasauce, den Orangensaft, den Essig und das Sesamöl untermischen. Die Sauce abschmecken – sie sollte säuerlich, scharf und salzig zugleich sein – und bei Bedarf nachwürzen.

2. Die Fischfilets zerpflücken und in eine Schüssel geben. Noch vorhandene Gräten und das graue Fleisch direkt unter der Haut entfernen.

3. Den Fisch mit dem Dressing beträufeln. Dann die gerösteten Cashewkerne, die Ingwerstifte und die Frühlingszwiebeln untermischen. Kurz vor dem Servieren die Minze- und Korianderblätter unterheben.

Zutaten

2 frische mittelscharfe rote Chilischoten, von Samen befreit und fein gehackt

1 Prise Salz

Saft von 2 Limetten

2 EL helle Sojasauce

2 EL Orangensaft

1 EL Reisessig

2 TL Sesamöl

3 aromatisch geräucherte Fischfilets (siehe Seite 138)

200 g Cashewkerne, geröstet

1 Stück frischer Ingwer (4 cm), geschält und in feine Stifte geschnitten

4 Frühlingszwiebeln, in feine Ringe geschnitten

4 Blättchen frische Minze, zerpflückt

4 Blättchen frisches Koriandergrün, zerpflückt

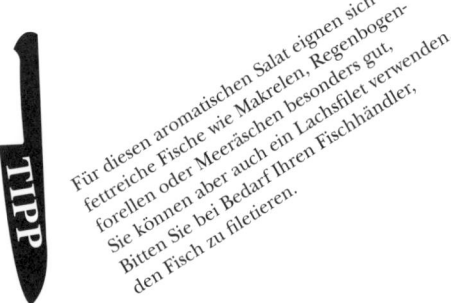

TIPP: Für diesen aromatischen Salat eignen sich fettreiche Fische wie Makrelen, Regenbogenforellen oder Meeräschen besonders gut, Sie können aber auch ein Lachsfilet verwenden. Bitten Sie bei Bedarf Ihren Fischhändler, den Fisch zu filetieren.

Schweinefleisch-Gurken-Salat

Für 4 bis 6 Portionen
●●●●·●●●●●

Vorbereitungszeit
20 Minuten

Garzeit
25 Minuten

Die Kombination ganz unterschiedlicher, oft sogar gegensätzlicher Aromen und Texturen, die Kaumuskeln und Geschmacksknospen auf Trab hält, ist typisch für die südostasiatische Küche. Dieses Gericht macht da keine Ausnahme.

Zutaten

Salz
750 g Schweinefilet
Pflanzenöl
100 g Erdnuss- oder Cashewkerne, geröstet
2 EL Reisessig
1 TL extrafeiner Zucker
1 große Gurke, der Länge nach halbiert, von Samen befreit und in dünne Scheiben geschnitten
4 Schalotten, in feine Ringe geschnitten
2 frische rote Chilischoten, von Samen befreit und fein gehackt
Saft von 2 Limetten
2 EL Fischsauce
Blättchen von 2 Zweigen frischem Koriandergrün, zerpflückt
Blättchen von 3 Zweigen frischer Minze, zerpflückt

Gewürze

frisch gemahlener schwarzer Pfeffer
1 TL Fünf-Gewürze-Pulver
1 TL gemahlene Koriandersamen

1. Den Backofen auf 200 °C vorheizen. In einer kleinen Schüssel die Gewürze mit etwas Salz vermischen und das Schweinefleisch rundherum mit der Mischung einreiben. In einer Bratform bei hoher Temperatur etwas Öl erhitzen und das Fleisch darin auf jeder Seite 2 Minuten scharf anbraten, dann die Form in den Backofen stellen und das Fleisch etwa 20 Minuten garen. Anschließend herausnehmen und abkühlen lassen.

2. Die Erdnusskerne in einem Mörser grob zerstoßen.

3. In einem kleinen Topf den Essig und den Zucker bei mittlerer Temperatur unter Rühren aufkochen. Die Gurke in ein flaches, nichtmetallisches Gefäß geben, mit der heißen Essigmischung übergießen und durchziehen sowie vollständig abkühlen lassen. Anschließend die Schalotten dazugeben und alles locker vermengen.

4. Für das Dressing in einer Schüssel die roten Chilischoten mit dem Limettensaft und der Fischsauce verrühren.

5. Das abgekühlte Schweinefleisch aus der Bratform heben und auf ein Schneidebrett legen. 2 EL des Dressings in die Bratform geben und mit einem Holzlöffel den Bratensatz vom Boden der Form lösen. Alles zu dem restlichen Dressing in die Schüssel gießen und verrühren.

6. Das Fleisch in dünne Scheiben schneiden und zu den Gurken geben, dann alles mit dem Dressing beträufeln und behutsam vermengen. Unmittelbar vor dem Servieren die Koriander- und Minzeblättchen unterheben. Den Salat mit den zerstoßenen Erdnüssen bestreuen und servieren.

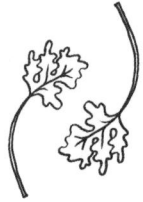

Krebsfleischsalat
mit Koriander & Chili

Für 4 bis 6 Portionen
•••—•••••

Vorbereitungszeit
10 Minuten

Dieser Salat ist knackig frisch und schmeckt einfach köstlich. Das Krebsfleisch und die Gurken sorgen für Süße und ein weiches Mundgefühl, während die frische Minze und das Koriandergrün ihm Frische und Biss verleihen.

Zutaten

2 frische lange rote Chilischoten, von Samen befreit und fein gehackt

1 Stück frischer Ingwer (4 cm), geschält und gerieben

Saft von 2 Limetten

1 EL helle Sojasauce

2 EL Fischsauce

1 TL Reisessig

400 g weißes Krebsfleisch (siehe Tipp)

1 Gurke, der Länge nach halbiert, von Samen befreit und in Scheiben geschnitten

4 Frühlingszwiebeln, in feine Ringe geschnitten

Salz

Blättchen von 3 Zweigen frischer Minze, zerpflückt

Blättchen von 3 Zweigen frischem Koriandergrün, zerpflückt

Gewürze

frisch gemahlener schwarzer Pfeffer

1. Für das Dressing die Chilischoten und den Ingwer mit dem Limettensaft, der Sojasauce, der Fischsauce und dem Essig verrühren.

2. Das Krebsfleisch, die Gurkenstücke und die Frühlingszwiebeln in einer Schüssel vermengen und alles mit etwas Salz und reichlich schwarzem Pfeffer würzen. Die Mischung mit dem Dressing übergießen.

3. Erst unmittelbar vor dem Servieren die Minze- und die Korianderblättchen unterheben. Auf diese Weise wird vermieden, dass sich die Kräuter durch die Säure des Dressings dunkel verfärben. Den Salat abschmecken, bei Bedarf nachwürzen und sofort servieren.

TIPP Sie sollten das Krebsfleisch nur grob zerkleinern, um seine Textur zu bewahren. Vorsicht: Auch in qualitativ hochwertigem Krebsfleich vom Fischhändler können sich noch Schalenreste befinden.

Entenfleischsalat
mit Mango & gerösteter Kokosnuss

Für 4 Portionen

Vorbereitungszeit
10 Minuten

Gebratene Ente und der süß-saure Geschmack frischer Mango sind eine himmlische Kombination. Untermalt wird dieser tropische Traum durch knackig geröstete Kokosnuss, die roten Chilischoten und süß-scharfer Ingwer zünden eine außergewöhnliche Aromenexplosion. Abgerundet und komplettiert wird das Gericht durch Limettensaft und Sojasauce.

Zutaten

½ knusprig gebratene Ente (ca. 400 g, aus dem China-Restaurant oder gut sortierten Supermarkt)

1 Mango, geschält, entsteint und in Scheiben geschnitten

1 Limette, geschält, von den weißen Fasern befreit und in Würfel geschnitten

2 kleine Schalotten, in feine Würfel geschnitten

2 frische rote Chilischoten, von Samen befreit und fein gehackt

2 EL Kokosraspel, geröstet

Blättchen von 3 Zweigen frischem Koriandergrün, zerpflückt

1 Stück frischer Ingwer (3 cm), geschält und fein gerieben

1 EL geriebener Palmzucker

1 EL helle Sojasauce

Saft von 1 Limette

Zum Servieren

8 Blätter Romanasalat

1. Das Entenfleisch mit den Fingern in kleine Stücke reißen. Das Fleisch in einer Schüssel mit den Mangostücken, den Limettenwürfeln, den Schalotten, den Chilischoten und der Hälfte der gerösteten Kokosraspel vermengen. Die Korianderblättchen unterheben.

2. Für das Dressing in einem Mörser den Ingwer mit dem Palmzucker und den restlichen gerösteten Kokosraspeln zu einer groben Paste zerdrücken. Anschließend die Sojasauce und den Limettensaft einarbeiten.

3. Die Fleischmischung mit dem Dressing beträufeln und alles behutsam, aber gründlich vermengen. Die Mischung mithilfe eines Löffels in die Salatblattschalen füllen oder zusammen mit dem Romanasalat als Vorspeise oder Beilage zu einem anderen Gericht servieren.

Garnelen-Nudel-Salat
mit Minze & gerösteten Erdnüssen

Für 4 Portionen
••••

Vorbereitungszeit
15 Minuten

Zutaten

200 g feine Reisnudeln, gegart, abgetropft und mit etwas Öl beträufelt, damit sie nicht verkleben

200 g gegarte geschälte Garnelen, grob zerkleinert

1 frische rote Chilischote, von Samen befreit und fein gehackt

1 Stück frischer Ingwer (3 cm), geschält und gerieben

2 TL geriebener Palmzucker

Saft von 1 Limette

1 EL Tamarindenmark

1 EL Fischsauce

2 Frühlingszwiebeln, fein gehackt

1 Handvoll Mungbohnensprossen

Blättchen von 2 Zweigen frischem Koriandergrün, zerpflückt

2 EL Erdnusskerne, geröstet

Salz

Gewürze

frisch gemahlener schwarzer Pfeffer

Dieser Salat schmeckt am allerbesten gut gekühlt. Anstelle der Garnelen können Sie auch jede andere Art von Fisch und Meeresfrüchten verwenden, besonders köstlich ist auch die Variante mit Krebsfleisch.

1. In einer großen Schüssel die gegarten Nudeln mit den Garnelenstücken vermengen.

2. Für das Dressing die Chilischoten, den Ingwer, den Palmzucker, den Limettensaft, das Tamarindenmark und die Fischsauce in einer kleinen Schüssel gründlich verrühren.

3. Die Nudelmischung mit dem Dressing beträufeln. Die Frühlingszwiebeln, die Mungbohnensprossen sowie die Korianderblättchen unterheben.

4. Erst unmittelbar vor dem Servieren die Erdnüsse in einem Mörser grob zerstoßen und den Salat damit bestreuen. Alles großzügig mit Salz und schwarzem Pfeffer würzen und sofort servieren.

Fleisch – gebraten, geschmort & aus dem Wok

Gai Yang nach Isaan-Art
Gegrilltes Hähnchen mit Zitronengras & schwarzem Pfeffer

Gai yang heißt auf Deutsch einfach »gegrilltes Hühnchen«. Hier wird es mit einer Würzpaste mariniert und dann so langsam gegrillt, dass die Haut zart karamellisiert wird und knusprig bräunt.

Für 4-6 Portionen
•••–••••

Vorbereitungszeit
15 Minuten

Marinierzeit
2 Stunden

Garzeit
15 Minuten

Zutaten
4 Stängel Zitronengras, von harten Außenblättern befreit und in feine Streifen geschnitten
½ TL Salz
3 Korianderwurzeln, fein gehackt
4 Knoblauchzehen
1 frische lange rote Chilischote, von Samen befreit und fein gehackt
1 EL Fischsauce
2 TL flüssiger Honig
4 Hähnchenschenkel mit Haut, entbeint und halbiert
4 Hähnchenbrustfilets mit Haut, in je 4 Stücke geschnitten

Gewürze
2 TL frisch gemahlener schwarzer Pfeffer

Zum Servieren
Nahm-Jim-Sauce mit roten Chilischoten (siehe Seite 236)

1. In einem Mörser das Zitronengras mit dem Salz grob zerreiben. Dann die Korianderwurzeln, den Knoblauch und die Chilischoten einarbeiten. Den schwarzen Pfeffer dazugeben und alles zu einer nicht zu groben Paste mörsern. Zum Schluss die Fischsauce und den Honig untermischen.

2. Die Fleischstücke gleichmäßig mit der Mischung einreiben und im Kühlschrank 2 Stunden marinieren.

3. Eine Grillpfanne oder den Gartengrill vorheizen. Die Grundtemperatur sollte hoch sein, gegrillt wird das Fleisch dann jedoch langsam, um ihm eine rauchig-würzige Note zu verleihen und die Marinade knusprig karamellisieren zu lassen.

4. Bei Zubereitung auf dem Gartengrill das Fleisch in Bereichen ohne direkte Hitze grillen. Die Fleischstücke etwa 15 Minuten langsam garen, dabei etwa alle 3 Minuten wenden, bis sie schön gebräunt und durchgebraten sind. Mit Nahm-Jim-Sauce mit roten Chilischoten servieren.

TIPP: Falls Sie keine Korianderwurzeln bekommen, können Sie diese durch Koriandergrünstängel ersetzen. In diesem Fall benötigen Sie die doppelte Menge.

Gebratenes Rindfleisch
mit Tamarindensirup & gerösteten Erdnüssen

Dieses einfache, aber wirkungsvolle Rindfleischgericht vereint nicht nur ganz unterschiedliche Texturen, sondern auch wunderbar pfeffrig-scharfe, süße, salzige und säuerliche Geschmackskomponenten in erstaunlicher Harmonie.

Für 4-6 Portionen
••••-•••••

Vorbereitungszeit
10 Minuten

Marinierzeit
30 Minuten

Garzeit
10 Minuten

Zutaten

2 Knoblauchzehen, fein gehackt

2 frische lange rote Chilischoten, von Samen befreit und fein gehackt

1 Stück frischer Ingwer (4 cm), geschält und gerieben

2 TL helle Sojasauce

2 TL Fischsauce

400 g Rindfleisch (Oberschale, Hüfte oder Teil der Lende – das Fleisch sollte zart sein und sehr schnell garen), in dünne Scheiben geschnitten

2 EL Tamarindenmark

3 TL Kristallzucker

1 weiße Zwiebel, in feine Streifen geschnitten

2 EL Reisessig

Salz

Pflanzenöl

Blättchen von 1 kleinen Handvoll frischem Koriandergrün, grob gehackt

100 g Erdnusskerne ohne Haut, geröstet und grob gehackt

Gewürze

frisch gemahlener schwarzer Pfeffer

1. In einem flachen Gefäß den Knoblauch, die Chilischoten und den Ingwer mit der Sojasauce, der Fischsauce sowie etwas schwarzem Pfeffer verrühren. Die Fleischscheiben sorgfältig darin wenden, damit sich die Marinade gleichmäßig verteilt, und dann 30 Minuten im Kühlschrank ziehen lassen.

2. In einer kleinen Schüssel das Tamarindenmark mit 5 EL Wasser glatt rühren und die Mischung dann zusammen mit 2 TL von dem Zucker in einen Topf geben. Alles unter Rühren erhitzen und bei mittlerer Temperatur köcheln und zu einem dickflüssigen Sirup eindicken lassen.

3. In einer nicht-metallischen Schüssel die Zwiebelstreifen mit dem Essig, dem restlichen Zucker und etwas Salz vermischen und alles 5 Minuten ziehen lassen.

4. In einer Pfanne bei mittlerer Temperatur etwas Öl erhitzen und darin portionsweise das marinierte Fleisch je etwa 3 Minuten goldbraun braten. Fertig gegarte Stücke auf einem Teller warm stellen.

5. Das Koriandergrün zu den Zwiebelstreifen geben und unterheben, dann die Mischung mitsamt der Flüssigkeit gleichmäßig auf einer Servierplatte verteilen. Das Rindfleisch darauf anrichten, mit dem Tamarindensirup beträufeln, mit den gerösteten Erdnusskernen bestreuen und servieren.

Thai-Rindfleischspieße
mit rotem Chili-Essig

Die hier verwendete Gewürzkombination ist eine der ältesten überhaupt in der thailändischen Küche. Die Mischung aus scharfen, salzigen und sauren Elementen unterstreicht wunderbar den Eigengeschmack des Rindfleischs. Aber auch mit Wild wie Wachtel, Fasan, Taube oder sogar Reh harmoniert sie großartig.

Für 4-6 Portionen

Vorbereitungszeit
20 Minuten

Marinierzeit
30 Minuten

Garzeit
10 Minuten

Zutaten
2 EL helle Sojasauce
400 g zartes Rindfleisch (Rumpsteak, Lende oder Hochrippe), von Fett und Sehnen befreit und in 2–3 cm große Würfel geschnitten
3 Korianderwurzeln, gehackt, oder 6 Koriandergrünstängel, fein gehackt
1 Prise Salz
1 Stück frischer Ingwer (3 cm), geschält und in feine Scheiben geschnitten
3–4 EL Pflanzenöl
Blättchen von 1 Handvoll frischem Koriandergrün
roter Chili-Essig (siehe Seite 232)

Gewürze
frisch gemahlener schwarzer Pfeffer
20 weiße Pfefferkörner
½ TL Fünf-Gewürze-Pulver
¼ TL gemahlene Kurkuma
½ TL gemahlene Koriandersamen

Außerdem
Spieße aus Metall oder Holz (eingeweicht)

1. In einer Schüssel die Sojasauce mit etwas schwarzem Pfeffer verrühren. Das Fleisch sorgfältig in der Mischung wenden, dann 30 Minuten im Kühlschrank ziehen lassen.

2. In einem Mörser die Korianderwurzeln mit dem Salz und den weißen Pfefferkörnern zerreiben. Den Ingwer und die anderen Gewürze zugeben und alles sorgfältig zu einer groben Paste verarbeiten.

3. Die Würzpaste zu dem marinierten Fleisch geben und alles gründlich vermengen, so dass das Fleisch gleichmäßig umhüllt ist. Je 3–4 Fleischstücke auf jeden Spieß aufstecken.

4. In einem Wok das Öl bei hoher Temperatur erhitzen und die Fleischspieße darin von allen Seiten etwa 2 Minuten goldbraun braten, dann herausheben und einige Minuten ruhen lassen.

5. Die gebratenen Spieße auf Tellern anrichten, mit Korianderblättchen bestreuen, mit rotem Chili-Essig beträufeln und servieren. Dazu passen ein frischer Salat oder Nudeln besonders gut.

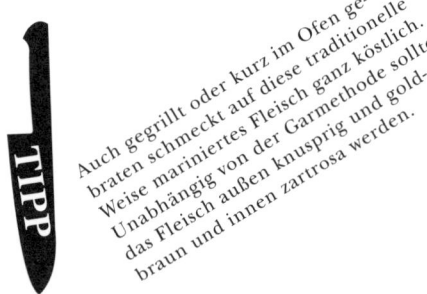

TIPP Auch gegrillt oder kurz im Ofen gebraten schmeckt auf diese traditionelle Weise mariniertes Fleisch ganz köstlich. Unabhängig von der Garmethode sollte das Fleisch außen knusprig und goldbraun und innen zartrosa werden.

Aromatische Chickenwings
mit Galgant

Knusprig gebratene Hähnchenflügel sind ideal als schneller Snack zwischendurch – großartiges Fingerfood, überzogen von einer exotisch würzigen Marinade.

Für 4-6 Portionen
●●●●–●●●●●

Vorbereitungszeit
10 Minuten

Marinierzeit
1 Stunde

Garzeit
8–10 Minuten

Zutaten
2 Knoblauchzehen, fein gehackt
4 Korianderwurzeln, fein gehackt
2 frische lange grüne Chilischoten, von Samen befreit und fein gehackt
1 Stück Galgant (4 cm), geschält und gerieben
2 EL Fischsauce
1 EL geriebener Palmzucker
700 g Hähnchenflügel

Gewürze
1 EL Koriandersamen, zerstoßen
½ TL gemahlener Zimt
½ TL Chiliflocken
¼ TL gemahlener Kardamom

Zum Servieren
Limettenspalten
Sweet-Chili-Sauce
(siehe Seite 238)

1. In einer großen Schüssel den Knoblauch, die Korianderwurzeln, die Chilischoten, den Galgant und alle Gewürze gründlich mit der Fischsauce und dem Palmzucker verrühren.

2. Die Hähnchenflügel sorgfältig in der Marinade wenden, bis sie rundherum gleichmäßig davon überzogen sind. 1 Stunde im Kühlschrank marinieren.

3. Eine Grillpfanne oder den Gartengrill stark erhitzen und die Hähnchenflügel 8–10 Minuten grillen. Dabei alle 2 Minuten wenden, damit sie nicht anbrennen. Für die Garprobe ein Stück anschneiden. Mit Limettenspalten und Sweet-Chili-Sauce servieren.

TIPP Galgant ist mit Ingwer verwandt, hat aber eine dickere Schale, ist aromatischer und geschmacksintensiver. Im Gegensatz zum Ingwer, der auch roh verzehrt werden kann, muss Galgant gegart werden. Sie bekommen ihn tiefgekühlt oder getrocknet im Asialaden. Ersatzweise können Sie aber auch frischen Ingwer verwenden.

Gegrilltes Schweinefleisch
mit Kräutersalat

Die pikant gegrillten Schweinekoteletts sind einfach ein Genuss. Ein Salat aus verschiedenen frischen Kräutern, säuerlich angemacht, ist ihr perfekter Begleiter.

Für 4 Portionen
••••

Vorbereitungszeit
10 Minuten

Marinierzeit
1 Stunde

Garzeit
8 Minuten

Zutaten
2 Knoblauchzehen, fein gehackt
1 Stück frischer Ingwer (4 cm), geschält und gerieben
1 EL Pflanzenöl
4 Schweinekoteletts
Salz
Blättchen von 3 Zweigen frischer Minze
Blättchen von 3 Zweigen frischem Koriandergrün
Blättchen von 3 Zweigen frischem Basilikum
2 EL Mungbohnensprossen
2 Frühlingszwiebeln, fein gehackt
Saft von 2 Limetten
2 TL Sesamöl

Gewürze
1 EL Koriandersamen
1 EL Fenchelsamen
1 TL gemahlene Kurkuma
1 TL Fünf-Gewürze-Pulver
½ TL Chiliflocken
frisch gemahlener schwarzer Pfeffer

Zum Servieren
Limettenspalten

1. In einem Mörser zunächst die Koriander- und Fenchelsamen zerstoßen, dann den Knoblauch und den Ingwer dazugeben und alles zu einer Paste verarbeiten. Die Würzpaste in eine flache Schale geben und mit der Kurkuma, dem Fünf-Gewürze-Pulver, den Chiliflocken, etwas schwarzem Pfeffer sowie dem Pflanzenöl verrühren. Die Schweinekoteletts sorgfältig in der Marinade wenden, so dass sie rundherum überzogen sind, dann mindestens 1 Stunde im Kühlschrank marinieren.

2. Den Grill oder eine Grillpfanne stark erhitzen. Die marinierten Koteletts salzen, dann etwa 8 Minuten goldbraun und knusprig grillen, dabei alle 2 Minuten wenden, damit sie nicht anbrennen.

3. In der Zwischenzeit für den Salat die Kräuter, die Mungbohnensprossen und die Frühlingszwiebeln in einer Schüssel vermengen und mit dem Limettensaft und dem Sesamöl anmachen.

4. Das fertig gegrillte Fleisch vom Herd bzw. Grill nehmen und 5 Minuten ruhen lassen. Austretenden Bratensaft unter den Salat mischen. Die Schweinekoteletts mit dem asiatischen Kräutersalat und Limettenspalten zum Beträufeln servieren.

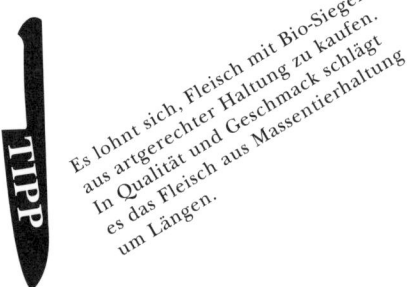

TIPP Es lohnt sich, Fleisch mit Bio-Siegel aus artgerechter Haltung zu kaufen. In Qualität und Geschmack schlägt es das Fleisch aus Massentierhaltung um Längen.

Würziges Flanksteak
mit sauer-scharfer Chilisauce

Für 4 Portionen
••••

Vorbereitungszeit
5 Minuten

Marinierzeit
30 Minuten

Garzeit
7–8 Minuten

Zutaten
500 g Flanksteak vom Rind
Salz
1 EL Pflanzenöl
12 Blättchen frische Minze
Blättchen von ½ Bund frischem Koriandergrün
1 Rezeptmenge sauer-scharfe Chilisauce (siehe Seite 234)

Gewürze
1 TL gemahlene Koriandersamen
½ TL gemahlener Kardamom
½ TL frisch geriebene Muskatnuss
½ TL Chiliflocken
1 TL gemahlener Ingwer
frisch gemahlener schwarzer Pfeffer

Das Flanksteak, auch Bavette-Steak genannt, ist ein besonders schmackhaftes Stück vom Rind. Es sollte rosa gebraten werden und vor dem Aufschneiden 5 Minuten ruhen. Fragen Sie Ihren Metzger danach – Sie werden begeistert sein und nicht mehr darauf verzichten wollen.

1. Alle Gewürze mischen und das Fleisch sorgfältig rundherum mit der Mischung einreiben. Im Kühlschrank 30 Minuten ziehen lassen.

2. Den Gartengrill, eine Grillpfanne oder eine normale Pfanne stark erhitzen. Unmittelbar vor dem Garen das Fleisch leicht salzen und mit dem Öl einreiben. Auf dem Grill oder in der Pfanne 2 Minuten braten, dann wenden und von der anderen Seite weitere 2 Minuten garen. So insgesamt 7–8 Minuten verfahren, bis das Fleisch außen knusprig und innen rosa gebraten ist. Aus der Pfanne oder vom Grill nehmen und 5 Minuten ruhen lassen, den Bratensaft aus der Pfanne beiseitestellen.

3. Das Fleisch quer zur Faser in etwa 1 cm dicke Scheiben schneiden und auf einer Platte anrichten. Die Kräuter mit der sauer-scharfen Chilisauce und dem Bratensaft vermengen und die Mischung auf den Fleischscheiben verteilen. Das Fleisch abschmecken und bei Bedarf nachwürzen. Besonders gut schmecken ein knackiger Koriander-Kraut-Salat mit gerösteten Cashewkernen (siehe Seite 66) oder Wokgemüse mit Knoblauch und schwarzem Pfeffer dazu.

TIPP: Für eine vegetarische Variante eignen sich Pilze und Spargel.

Thai-Rindfleischpfanne
mit Chili-Relish

Anders als bei chinesischen Pfannen- oder Wokgerichten, die traditionell mit Sojasauce zubereitet werden, gehört zu einem thailändischen Wokgericht scharfe *nam pla*, also Fischsauce, gemischt mit Vogelaugenchilis und etwas Zucker.

Für 4 Portionen
••••

Vorbereitungszeit
15 Minuten

Garzeit
9–11 Minuten

Zutaten

2 EL Pflanzenöl

500 g zartes Rindfleisch, in mundgerechte Streifen geschnitten

3 EL Nam Prik Pao (thailändisches Chili-Relish, siehe Seite 240)

150 g grüne Bohnen oder Zuckerschoten, geputzt

4 Frühlingszwiebeln, in feine Ringe geschnitten

1 frische mittelscharfe lange rote Chilischote, von Samen befreit und fein gehackt

1 Handvoll Bohnensprossen, gewaschen und geputzt

Blättchen von 3 Zweigen frischer Minze

Blättchen von 3 Zweigen frischem Koriandergrün

Saft von 1 Limette

1. Einen Wok oder eine tiefe Pfanne stark erhitzen. Zunächst das Öl hineingeben – nicht erschrecken, wenn es raucht! – dann ein Drittel der Fleischstreifen darin 2–3 Minuten unter Rühren schön braun anbraten. Herausnehmen und beiseitestellen, dann mit dem restlichen Fleisch ebenso verfahren.

2. Alle Fleischstreifen zurück in den Wok geben und die Temperatur reduzieren. Das Relish und die grünen Bohnen untermischen und alles 2 Minuten sanft erhitzen.

3. Die Frühlingszwiebeln hinzufügen und 1 Minute mitbraten. Das Gemüse sollte gar, aber noch knackig sein.

4. Die Chilischote und die Bohnensprossen sowie die Minze- und Korianderblättchen unterheben. Den Limettensaft einrühren, abschmecken und bei Bedarf nachwürzen.

5. Mit gedämpftem Reis oder Nudeln als einfache Mahlzeit oder als Teil eines größeren gemischten Essens servieren.

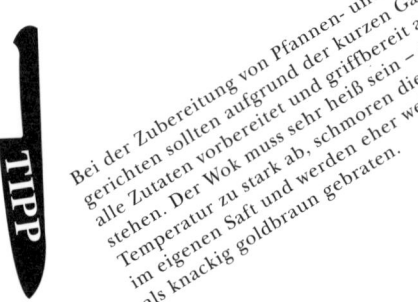

TIPP Bei der Zubereitung von Pfannen- und Wokgerichten sollten aufgrund der kurzen Garzeit alle Zutaten vorbereitet und griffbereit am Herd stehen. Der Wok muss sehr heiß sein – sinkt die Temperatur zu stark ab, schmoren die Zutaten im eigenen Saft und werden eher weich gegart als knackig goldbraun gebraten.

Fleisch – gebraten, geschmort & aus dem Wok

Siamesisches Hühnchen

mit Ingwer, Koriander, Knoblauch & weißem Pfeffer

Für 4-6 Portionen
●●●–●●●●●

Vorbereitungszeit
20 Minuten

Garzeit
10 Minuten

Zutaten

400 g Hähnchenschenkel ohne Haut und Knochen, in 2–3 cm große Würfel geschnitten

2 EL helle Sojasauce

3 Korianderwurzeln, gehackt, oder 6 Koriandergrünstängel, fein gehackt

1 Prise Salz

3 Knoblauchzehen

1 Stück frischer Ingwer (4 cm), geschält und gerieben

Blättchen von ½ Bund frischem Koriandergrün

Gewürze

20 weiße Pfefferkörner

1 EL Koriandersamen

½ TL gemahlene Kurkuma

1 EL Kreuzkümmelsamen

Außerdem

Holzspieße, mindestens 30 Minuten in kaltem Wasser eingeweicht

Chilischoten kamen erst im 16. Jahrhundert nach Thailand, nachdem die Spanier und Portugiesen Südamerika erreicht hatten. Gerichte, in denen weißer Pfeffer für die Schärfe zuständig ist, stammen meist noch aus der Zeit, als Chilischoten in der Thai-Küche unbekannt waren, sind also sehr alt.

1. In einer Schüssel die Fleischwürfel gründlich mit der hellen Sojasauce vermischen und zum Marinieren beiseitestellen.

2. In einem Mörser die Korianderwurzeln mit dem Salz und den Pfefferkörnern zerreiben. Den Knoblauch, den Ingwer und die restlichen Gewürze dazugeben und alles sorgfältig zu einer groben Paste verarbeiten.

3. Die Würzpaste so mit den marinierten Fleischwürfeln vermengen, dass diese rundherum gleichmäßig überzogen sind. Je 3 Stücke Fleisch auf einen Spieß aufstecken.

4. Eine Grillpfanne oder den Gartengrill stark erhitzen. Die Spieße von jeder Seite 2 Minuten grillen. Anschließend weitere 3–4 Minuten unter gelegentlichem Wenden in der Grillpfanne oder auf dem Grill weitergaren oder 5 Minuten im auf 200 °C vorgeheizten Backofen fertig braten.

5. Die Spieße auf Tellern anrichten, mit Korianderblättchen bestreuen und sofort servieren, zum Beispiel mit Yam Som Tam (siehe Seite 60).

Diese Art der Fleischzubereitung funktioniert auch mit dem Federwildgeschmack von Wachteln, Fasan, Perlhuhn oder Taube bestens.

Gebratener Schweinebauch
mit Salz-Gewürz-Kruste

Für 4-6 Portionen

Vorbereitungszeit
10 Minuten

Garzeit
1 Stunde 25 Minuten

Zutaten
3 EL grobes Steinsalz
1 Schweinebauch (1,5–2 kg)
Pflanzenöl zum Einreiben

Gewürze
1 EL Koriandersamen
1 EL Kreuzkümmelsamen
1 EL Fenchelsamen
10 weiße Pfefferkörner
1 TL gemahlener Kardamom
1 TL Fünf-Gewürze-Pulver
½ TL Chiliflocken

Zum Servieren
Erdnusssauce (siehe Seite 242)

Das folgende Rezept präsentiert eine der wohl großartigsten Geschmackskombinationen überhaupt. Wer kein Schweinefleisch isst, kann es stattdessen auch gut mit Hühnchen, entbeinter Lammschulter oder einem Rinderbraten aus der Hochrippe zubereiten.

1. Den Backofen auf 240 °C vorheizen.

2. In einem Mörser das Steinsalz mit den Koriander-, den Kreuzkümmel- und den Fenchelsamen sowie den Pfefferkörnern mittelfein zerstoßen. Die restlichen Gewürze mit Ausnahme der Chiliflocken dazugeben und einarbeiten.

3. Die Hälfte dieser Gewürzmischung in eine Bratform mit hohem Rand geben und diese 2 cm hoch mit kaltem Wasser füllen.

4. Die Schwarte des Schweinebauchs mit einem scharfen Messer in schmalen Streifen einritzen. Den Schweinebauch mit der Schwarte nach unten in das Wasser legen – er sollte bis über die erste dicke Fettschicht bedeckt sein. Die Bratform auf den Herd stellen und das Wasser bei hoher Temperatur zum Kochen bringen, dann etwa 20 Minuten köcheln lassen. Durch das Köcheln löst sich ein Teil des Fetts, so dass das Würzsalz in die Schweineschwarte einziehen kann. Auf diese Weise entsteht eine unwiderstehlich köstliche Kruste. Anschließend das Schweinefleisch aus dem Wasser nehmen und das Wasser wegschütten.

5. Einen Gitterrost in die Bratform legen und den Schweinebauch mit der Schwarte nach oben darauf platzieren. Die Chiliflocken in die restliche Würzmischung einrühren. Die Schwarte zunächst mit etwas Öl, dann mit der Würzmischung einreiben.

6. Die Backofentemperatur auf 220 °C reduzieren. Das Fleisch in den Ofen schieben und etwa 20 Minuten braten. Dann die Temperatur auf 180 °C reduzieren und den Schweinebauch weitere 40 Minuten garen, bis die Schwarte knusprig und das Fleisch gar und schön zart ist.

7. Mit der Erdnusssauce servieren. Dazu schmeckt ein knackiger Koriander-Kraut-Salat (siehe Seite 66) wunderbar.

· Sechsmal ·
CHILISCHOTEN

 Gegrillte Chili-Garnelen

Rösten Sie 1 EL Koriandersamen, 2 TL Fenchelsamen, 5 Stück Sternanis und 1 Zimtstange 2–3 Minuten trocken in einer Pfanne an, bis sie duften.

Vermahlen Sie die Gewürze in einer Gewürzmühle oder dem Mörser mit ½ TL schwarzen Pfefferkörnern und einer Prise Chiliflocken mittelfein.

Vermengen Sie 400 g geschälte rohe Garnelen gründlich mit 3 TL der Gewürzmischung und einer Prise Fleur de Sel oder anderen Meersalzflocken.

Heizen Sie einen Grill auf hohe Temperatur vor und grillen Sie die Garnelen dann von jeder Seite 2 Minuten schön gar und goldbraun.

Beträufeln Sie die Garnelen mit dem Saft von 1 Limette und bestreuen Sie sie mit frischen Korianderblättchen.

 Garnelen & Koriander mit Chili-Tamarinden-Sauce

Erhitzen Sie in einer Pfanne etwas Pflanzenöl und schwitzen Sie darin 2 von Samen befreite und gehackte grüne Chilischoten sowie 1 EL geriebenen frischen Ingwer an.

Braten Sie die Mischung etwa 2 Minuten, bis sie aromatisch duftet.

Rühren Sie 50 g Tamarindenmark und 2 EL helle Sojasauce ein.

Nehmen Sie die Pfanne vom Herd und mischen Sie den Saft von 2 Limetten in die Sauce.

Garen Sie 300 g große geschälte rohe Garnelen von jeder Seite etwa 2 Minuten.

Servieren Sie die Garnelen mit der Chili-Tamarinden-Sauce und den Blättchen von 3 Zweigen frischem Koriandergrün und frischer Minze.

 Gegrilltes Schweinefleisch mit Wassermelone, Limette & Chili

Reiben Sie eine Schweinelende mit Gewürzen nach Geschmack ein und braten Sie sie unter dem heißen Backofengrill 12–15 Minuten goldbraun. Anschließend 5 Minuten ruhen lassen.

Schneiden Sie ½ Wassermelone in mundgerechte Stücke.

Vermengen Sie die Melonenstücke in einer Schüssel mit den Blättchen von 3 Zweigen frischer Minze.

Würzen Sie die Melonen-Minze-Mischung mit einer kräftigen Prise Salz. Das gegarte Fleisch in 5 mm dicke Scheiben schneiden und dazugeben.

Bestreuen Sie das Fleisch mit ¼ TL Chiliflocken – sowohl beim Salz als auch bei den Chiliflocken können Sie ruhig großzügig sein. Mit dem Saft von 2 Limetten beträufeln.

Vermischen Sie alles behutsam, aber gründlich, und schmecken Sie die Mischung ab. Sie sollte scharf, süß, salzig und säuerlich zugleich sein.

 Grüne-Chili-Sauce

Grillen Sie 4 frische lange grüne Chilischoten, 4 ungeschälte Knoblauchzehen und 4 ungeschälte kleine Schalotten unter dem heißen Backofengrill, bis das Gemüse außen schwarz und innen weich ist.

Ziehen Sie die schwarz verkohlte Haut von den abgekühlten Chilischoten, dem Knoblauch und den Schalotten ab und verarbeiten Sie alles im Mörser zu einer glatten Paste.

Mischen Sie den Saft von 1 Limette und 1 EL Fischsauce unter die Paste. Abschmecken und bei Bedarf nachwürzen.

Servieren Sie die Sauce zu hart gekochten Eiern, Gurkenstiften oder zu gegrilltem Fleisch.

 Knusprige Hühnchenfrikadellen mit grünen Chilischoten

Schneiden Sie 300 g Hähnchenbrust in 2–3 mm feine Streifen. In einer Schüssel 2 TL helle Sojasauce mit 1 TL Austernsauce sowie 1 Ei verquirlen und das Fleisch untermischen.

Zerstoßen Sie 2 grüne Vogelaugenchilis, 1 Knoblauchzehe und 1 EL geriebenen frischen Ingwer im Mörser. Die Paste sorgfältig mit dem Fleisch vermengen.

Vermischen Sie gründlich 3 fein gehackte Frühlingszwiebeln und die Blättchen von je 3 Zweigen frischem Basilikum und Koriandergrün. Die Mischung in die Fleischmasse einarbeiten, dann jeweils kleine Portionen aus der Schüssel heben und mit Schwung wieder hineinwerfen. Etwa 5 Minuten so verfahren, damit das Fleisch zart wird.

Erhitzen Sie in einer Pfanne mit schwerem Boden etwas Öl. Die Fleischmasse löffelweise in das heiße Öl geben und die Küchlein 3–4 Minuten goldbraun und knusprig braten. Dabei in mehreren Portionen arbeiten, damit das Öl nicht abkühlt.

 Pikanter Ofenkürbis mit Chili-Honig-Sauce

Schneiden Sie einen Butternut-Kürbis in 3 cm große Würfel und beträufeln Sie diese mit 2 EL Pflanzenöl.

Würzen Sie die Kürbiswürfel mit etwas Salz, je ½ TL gemahlenen Koriandersamen, Kreuzkümmel und Zimt sowie einer Prise Cayennepfeffer.

Verteilen Sie die Kürbisstücke auf einem Backblech und braten Sie sie im auf 200 °C vorgeheizten Backofen 25 Minuten goldbraun.

Erhitzen Sie in einer Pfanne etwas Pflanzenöl und schwitzen Sie darin 2 gehackte rote Chilischoten, 1 EL geriebenen frischen Ingwer, die abgeriebene Schale von 1 unbehandelten Orange, 1 Prise Salz und 2 EL Honig an, bis alles karamellisiert ist. Dann den Saft von 1 Limette einrühren.

Beträufeln Sie den Kürbis mit der Sauce und servieren Sie ihn mit Limettenspalten und frischen Korianderblättchen.

Langsam gegarte Schweineschulter
mit Koriander, Tamarinde & Chili

Für 6 Portionen
●●●●●

Vorbereitungszeit
10 Minuten

Garzeit
6 Stunden

Ruhezeit
15 Minuten

Der zum langsamen Garen am besten geeignete Teil vom Schwein ist die Schulter mit ihren verschiedenen Schichten aus Fleisch und Fett. Je sanfter und länger das Fleisch brät, desto langsamer tritt das Fett aus. So bleibt das Fleisch bis zum Schluss herrlich saftig.

Zutaten
2 TL Salz
1 Stück frischer Ingwer (3 cm), geschält und gerieben
1 Stück Schweineschulter (ca. 2 kg), vom Metzger im Schmetterlingsschnitt vorbereitet, eingeritzt und gerollt
3 EL Tamarindenmark
1 EL Sesamöl
1 EL helle Sojasauce
1 EL Honig
1 frische rote Chilischote, von Samen befreit und fein gehackt

Gewürze
1 TL schwarze Pfefferkörner
½ TL Gewürznelken
½ TL gemahlener Kardamom
1 EL Fenchelsamen
2 EL Koriandersamen
5 Stücke Sternanis
2 Zimtstangen
½ TL frisch geriebene Muskatnuss
½ TL Chiliflocken

1. Den Backofen auf 180 °C vorheizen.

2. In einer Gewürzmühle oder einer elektrischen Kaffeemühle alle Gewürze zusammen mit dem Salz und dem Ingwer fein mahlen. Sollte etwas von der Würzmischung übrig bleiben, den Rest am besten luftdicht verpacken und für eine spätere Verwendung aufbewahren.

3. Die eingeritzte Schweineschwarte gleichmäßig so mit der Würzmischung einreiben, dass diese auch in die Ritzen eindringt. Das Fleisch in eine Bratform legen und 200 ml Wasser angießen. Die Form in den vorgeheizten Backofen schieben und das Fleisch 30 Minuten braten. Dann die Temperatur auf 140 °C reduzieren und den Braten weitere 5 Stunden langsam weitergaren. Zwischendurch immer wieder mit dem Bratensaft beträufeln. Die Kruste sollte keinesfalls anbrennen oder zu dunkel werden.

4. Das Fleisch aus dem Ofen sowie aus der Form nehmen und die gesamte Bratflüssigkeit in ein Gefäß umschütten. Das klare Fett mit einem Löffel abschöpfen und entfernen, den dunkleren Bratensaft mit dem Tamarindenmark, dem Sesamöl, der Sojasauce, dem Honig und der Chilischote verrühren.

5. Die Backofentemperatur wieder auf 180 °C erhöhen. Das Fleisch zurück in die Bratform legen, mit der Tamarinden-Honig-Sauce übergießen und dann nochmals 30 Minuten in den Ofen schieben. Zwischendurch 2–3 Mal mit der Sauce beträufeln, damit die Kruste nicht anbrennt. Das fertig gegarte Fleisch vor dem Zerteilen 15 Minuten ruhen lassen. Als Beilage schmecken ein knackiger Salat und geschmorte Austernpilze mit Ingwer & Chili (siehe Seite 192) wunderbar.

Chili-Basilikum-Hühnchen
aus dem Wok

Ein einfaches Wokgericht, das schon für sich vollauf befriedigt, aber auch sehr gut als Teil eines größeren asiatischen Essens aus mehreren verschiedenen Komponenten serviert werden kann.

Für 4 Portionen
••••
(als Teil eines Essens aus mehreren Gerichten)

Vorbereitungszeit
10 Minuten

Garzeit
7–8 Minuten

Zutaten
2 EL Pflanzenöl
1 Stück frischer Ingwer (4 cm), geschält und gerieben
2 Hähnchenbrustfilets, in 1 cm breite Streifen geschnitten
Salz
2 Knoblauchzehen
2 frische rote Chilischoten, von Samen befreit und fein gehackt
200 g Zuckerschoten
4 Frühlingszwiebeln, in feine Ringe geschnitten
1 EL helle Sojasauce
1½ EL Fischsauce
Blättchen von 3 Zweigen frischem Koriandergrün
Blättchen von 3 Zweigen frischem Basilikum
Saft von 1 Limette

Gewürze
frisch gemahlener schwarzer Pfeffer

1. Den Wok bei hoher Temperatur erhitzen. Die Hälfte des Öls hineingeben und darin den Ingwer 1 Minute anschwitzen, bis er duftet.

2. Die Fleischstreifen dazugeben und 3–4 Minuten scharf anbraten, dabei so im Wok verteilen, dass sie möglichst heiß werden. Anschließend mit Salz und Pfeffer würzen.

3. Das restliche Öl in den Wok geben und darin den Knoblauch und die Chilischoten 1–2 Minuten duftend anschwitzen, dann die Zuckerschoten untermischen.

4. Die Frühlingszwiebeln sowie die Soja- und die Fischsauce einrühren und alles 1 Minute unter Rühren braten. Die Koriander- und Basilikumblättchen unterheben, dann den Limettensaft untermischen. Sofort servieren.

Gebratenes Stubenküken
mit Zitronengras & Kokoscreme

Für 4 Portionen

Vorbereitungszeit
15 Minuten

Garzeit
40 Minuten

Dank des großzügigen Einsatzes aromatischer Zutaten wie Zitronengras, Ingwer und Galgant, bereitet dieses Gericht ein intensives Geschmackserlebnis und hat beste Aussichten auf einen vorderen Platz in der Liste Ihrer Lieblingsgerichte.

Zutaten

2 kleine Zwiebeln, in feine Würfel geschnitten

2 Knoblauchzehen, zerdrückt

1 Stück frischer Ingwer (4 cm), geschält

1 Stück Galgant (2 cm), geschält (siehe Tipp)

4 getrocknete rote Chilischoten, in heißem Wasser eingeweicht und anschließend abgetropft

1 TL Salz

4 Stubenküken

4 Stängel Zitronengras, von harten Außenblättern befreit und mit einem Messerrücken weich gedrückt

300 ml Kokoscreme

2 TL geriebener Palmzucker

Saft von 2 Limetten

1. Den Backofen auf 200 °C vorheizen. Den Grill oder eine Grillpfanne stark erhitzen.

2. Die Zwiebeln mit dem Knoblauch, dem Ingwer und dem Galgant im Mixer zu einer glatten Paste zerkleinern. Die eingeweichten Chilischoten, das Salz und etwas Wasser dazugeben und in die Paste einarbeiten.

3. Die Stubenküken mit den Zitronengrasstängeln füllen. Anschließend außen und innen mit etwas von der Würzpaste einreiben.

4. Die restliche Würzpaste in einem Topf mit der Kokoscreme und dem Palmzucker verrühren. Die Mischung kurz aufkochen, dann sanft köcheln und auf die Hälfte eindicken lassen.

5. Die Stubenküken auf dem heißen Grill oder in der Grillpfanne von jeder Seite 3–4 Minuten anbraten, dann in eine Bratform legen und etwa 20 Minuten im Backofen garen. Dabei alle 5 Minuten mit der Kokoscrememischung bepinseln.

6. Die Stubenküken aus der Form heben und auf einer Platte anrichten. Mit der Bratflüssigkeit begießen. Zum Schluss mit dem Limettensaft beträufeln und mit Reis oder zu einem Nudelgericht servieren.

TIPP: Anstelle des Galgant können Sie auch die gleiche Menge frischen Ingwer verwenden.

Knusprig-süße Spareribs

Wer kann schon widerstehen, wenn es herrlich knusprige, pikant gewürzte Spareribs gibt? Das Rezept für diese schmackhaften Schälrippchen vom Schwein stammt aus Phuket im Süden Thailands.

Für 6 Portionen

Vorbereitungszeit
10 Minuten

Marinierzeit
2 Stunden

Garzeit
6–8 Minuten
(pro Portion)

Zutaten

2 Knoblauchzehen, fein gehackt
3 Korianderwurzeln, fein gehackt
1 EL Rohrohrzucker
1 EL dunkle Sojasauce
1 EL Fischsauce
1 EL Honig
500 g Schälrippchen (Spareribs, vom Metzger portioniert)
2 EL Reismehl
Pflanzenöl

Gewürze

2 TL weiße Pfefferkörner
2 TL schwarze Pfefferkörner
1 EL Koriandersamen
5 Stücke Sternanis

Zum Servieren

Nahm-Jim-Sauce mit grünen Chilischoten (siehe Seite 237)

1. In einem Mörser die weißen und die schwarzen Pfefferkörner sowie die Koriandersamen und den Sternanis mittelfein zerstoßen. Dann den Knoblauch, die Korianderwurzeln und den Rohrohrzucker dazugeben und alles zu einer groben Paste verarbeiten. Die Sojasauce, die Fischsauce und den Honig einrühren.

2. Die Rippchen in ein flaches Gefäß legen, mit der Marinade übergießen und das Fleisch so damit einreiben, dass es rundherum gleichmäßig bedeckt ist. Dann 2 Stunden im Kühlschrank ziehen lassen, damit es all die wunderbaren Aromen aufnehmen kann.

3. Das Reismehl in eine flache Schale geben. Die Rippchen aus der Marinade nehmen und abtropfen lassen, dann in dem Reismehl wenden. Überschüssiges Mehl abklopfen.

4. In einem Wok reichlich Öl auf 200 °C erhitzen. Das Öl ist ausreichend heiß, wenn ein Brotwürfel darin innerhalb von 15 Sekunden bräunt. Die Rippchen in kleinen Portionen 6–8 Minuten goldbraun und knusprig frittieren. Mit einem Schaumlöffel herausheben und auf Küchenpapier abtropfen lassen. Mit reichlich Nahm-Jim-Sauce mit grünen Chilischoten servieren.

Süß-scharfe Hähnchenschlegel

Knusprig gebratene Stücke Hühnerfleisch, mit den Fingern in eine sämig eingekochte, köstlich karamellige Chilisauce getaucht … muss ich noch mehr sagen? Halten Sie reichlich Papierservietten bereit!

Für 4–6 Portionen

Vorbereitungszeit
10 Minuten

Marinierzeit
1 Stunde

Garzeit
15 Minuten

Zutaten
8–12 Hähnchenschlegel mit Haut
1 EL Pflanzenöl
Salz
1 Rezeptmenge karamellige Chili-Tamarinden-Sauce (siehe Seite 235)

Gewürze
1 TL gemahlener Zimt
½ TL frisch gemahlener weißer Pfeffer
½ TL Piment
½ TL gemahlene Koriandersamen
½ TL gemahlene Kurkuma
frisch gemahlener schwarzer Pfeffer

Zum Servieren
Limettenspalten

1. Mit einem scharfen Messer jeden Hähnchenschlegel dreimal bis zum Knochen einritzen. Auf diese Weise gelangt die Marinade bis tief ins Fleisch hinein und die Stücke garen schneller, so dass das Fleisch schön saftig bleibt.

2. In einer kleinen Schüssel alle Gewürze mit dem Öl vermischen. Die Hähnchenschlegel in eine flache Form legen und mit der Marinade übergießen. Im Kühlschrank mindestens 1 Stunde ziehen lassen.

3. Den Backofen auf 200 °C vorheizen.

4. Ein Backblech mit Backpapier auslegen und die Fleischstücke darauf verteilen. Salzen und im vorgeheizten Backofen 10 Minuten braten, bis sie nahezu, aber noch nicht ganz gar sind.

5. Die Hähnchenschlegel aus dem Ofen holen, mit der Hälfte der Chili-Tamarinden-Sauce bestreichen und dann weitere 5 Minuten im Backofen braten.

6. Wenn die Fleischstücke gar und rundum schön braun und knusprig sind, mit den Limettenspalten auf Tellern anrichten und mit der restlichen Chili-Tamarinden-Sauce zum Dippen servieren.

Fisch & Meeresfrüchte

Kapitel 4

In Würzkruste frittierter Tintenfisch

Für 4-6 Portionen
••••–••••••

Vorbereitungszeit
15 Minuten

Einweichzeit
1 Stunde

Garzeit
1 Minute

Zutaten
500 g Tintenfisch
150 ml Milch zum Einweichen
1 Stück frischer Ingwer (5 cm), geschält und gerieben
1 frische rote Chilischote, von Samen befreit und fein gehackt
3 EL Reismehl
3 TL Gewürzmischung mit Salz & Pfeffer (siehe Seite 246)
Pflanzenöl

Zum Servieren
einige Blättchen frisches Koriandergrün
Limettenspalten

Tintenfisch, Garnelen und andere Meeresfrüchte eignen sich ganz hervorragend zum Frittieren in einer scharfen, salzigen Panade. Diese könnte schlicht aus Pfeffer und Salz, etwas pikanter aus Salz und Chili oder aber aus einer Kombination von zerstoßenem Pfeffer, getrockneten Chilis und Szechuanpfeffer bestehen.

1. Die aufgeschnittenen Tintenfischtuben (siehe Kasten) oberflächlich mit einem scharfen Messer diagonal in zwei Richtungen so einschneiden, dass ein Rautenmuster entsteht. Anschließend das Fleisch in etwa 3 × 5 cm große Rechtecke schneiden.

2. Die Milch in eine Schüssel geben und die Tintenfischstücke darin mindestens 1 Stunde einweichen. Auf diese Weise wird das Fleisch schön zart. Anschließend herausnehmen und gründlich mit Küchenpapier trocken tupfen.

3. Den Ingwer, die Chilischote, das Reismehl sowie die Gewürzmischung in einer Schüssel vermischen. Die Tintenfischstücke dazugeben und so lange in der Mischung wälzen, bis sie rundherum gleichmäßig damit überzogen sind.

4. Einen Wok zu einem Viertel mit Pflanzenöl füllen und dieses bei hoher Temperatur auf 180 °C erhitzen. Überschüssige Würze von den Tintenfischstücken abschütteln und diese behutsam in das heiße Öl geben. 1 Minute frittieren, dann mit einem Schaumlöffel herausnehmen und auf Küchenpapier abtropfen lassen. Mit Koriandergrün und Limettenspalten servieren.

> * So wird's gemacht *
> ## TINTENFISCH PUTZEN UND AUSNEHMEN
>
> • Den Tintenfisch am Kopf fassen und die Fangarme mitsamt den Innereien herausziehen. Anschließend das im Inneren der Tube befindliche harte Rückgrat entfernen. Die seitlich an der Tube sitzenden Flossen abschneiden. Die Tintenfischtube mit einem scharfen Messer an der seitlich verlaufenden natürlichen Naht aufschneiden, aufklappen und schleimige Bestandteile herausschaben.
>
> • Die äußere Haut der Tube abziehen und wegwerfen.
>
> • Die Fangarme und Innereien vor dem Tintenbeutel zwischen Daumen und Zeigefinger fassen und in Richtung Tentakel zusammendrücken. Das dabei hervortretende harte Mundwerkzeug herausnehmen und wegwerfen. Zum Schluss die geöffneten Tuben und Tentakel gründlich unter fließend kaltem Wasser abspülen und anschließend mit Küchenpapier trocken tupfen.

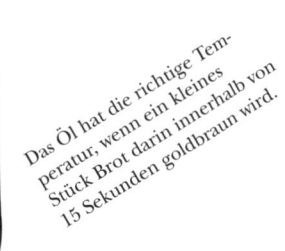

TIPP: Das Öl hat die richtige Temperatur, wenn ein kleines Stück Brot darin innerhalb von 15 Sekunden goldbraun wird.

Fisch & Meeresfrüchte

Gegrillte Jakobsmuscheln
mit grünem Cashew-Relish

Die kräftig grüne Sauce fungiert nicht nur als appetitlicher Hingucker auf dem Esstisch, sondern liefert auch eine faszinierende Mischung verschiedener Aromen und Texturen.

Für 4–6 Portionen

Vorbereitungszeit
10 Minuten

Garzeit
1–2 Minuten

Zutaten

2 EL Cashewkerne ohne Haut, geröstet

2 EL Erdnusskerne ohne Haut, geröstet

1 Knoblauchzehe

2 Stücke frischer Ingwer (à 4 cm), geschält

½ TL extrafeiner Zucker

½ TL Salz

4 frische mittelscharfe grüne Chilischoten, von Samen befreit und fein gehackt

1 großes Bund frisches Koriandergrün, grob gehackt

3 EL Kokoscreme

Saft von 2 Limetten

18 Jakobsmuscheln (je größer, desto besser)

2 EL Pflanzenöl

Blättchen von 3 Zweigen frischem Koriandergrün

3 Frühlingszwiebeln, fein gehackt

Gewürze

frisch gemahlener schwarzer Pfeffer

Zum Servieren

12–18 Jakobsmuschelschalen, gereinigt (nach Belieben)

1. Die Hälfte der Cashewkerne zum Garnieren beiseitestellen. Die übrigen Cashew- und Erdnusskerne in der Küchenmaschine mit dem Knoblauch, 1 Stück von dem Ingwer, dem Zucker und dem Salz zu einer Paste verarbeiten. Die grünen Chilischoten und das gehackte Koriandergrün dazugeben und alles weiter zerkleinern. Zuletzt die Kokoscreme sowie 2 EL Wasser einarbeiten. Die Paste sollte nicht ganz glatt püriert werden, sondern etwas Biss behalten.

2. Die Paste in eine Schüssel geben. Den Limettensaft unterrühren und die Mischung abschmecken. Bei Bedarf nachwürzen.

3. Zum Vorbereiten der Jakobsmuscheln den kleinen durchsichtigen Muskel durchtrennen, der das Muschelfleisch mit der Schale verbindet. Der rötliche Rogen kann nach Belieben mitverwendet werden. Das Muschelfleisch auf Küchenpapier abtrocknen lassen.

4. In der Zwischenzeit das restliche Ingwerstück in feine Scheiben schneiden. Diese aufeinanderlegen und zu feinen Stiften zerkleinern. Die restlichen Cashewkerne zerstoßen.

5. Eine Grillpfanne oder den Gartengrill stark erhitzen und dann leicht einölen. Die abgetrockneten Jakobsmuscheln mit Salz und schwarzem Pfeffer würzen und je nach Dicke von jeder Seite 60–80 Sekunden grillen. Das Wenden der Muscheln gelingt problemlos mithilfe zweier Kaffeelöffel. Die fertig gegrillten Muscheln vom Grill nehmen und warm stellen.

6. Jedes Stück Muschelfleisch nach Belieben in einer Muschelschale oder auf einem kleinen Teller anrichten. Ein paar Löffel von dem grünen Cashew-Relish auf jeder Portion platzieren. Einige Ingwerstifte und Frühlingszwiebeln dazugeben, alles mit zerstoßenen Cashewkernen und Korianderblättchen bestreuen und sofort servieren.

Thai- *SCHNEIDETECHNIKEN*

Viele der in der Thai-Küche verwendeten Zutaten sind beißend scharf oder intensiv würzig, werden roh verzehrt oder sind sehr faserig, hart oder holzig und müssen daher sehr fein zerkleinert werden. Aus diesem Grund benötigen Sie ein großes, hochwertiges Kochmesser, das stets wirklich scharf sein sollte.

INGWER

Achten Sie beim Kauf darauf, dass die Knolle so frisch und saftig wie möglich aussieht. Ist die Außenseite trocken und rindenartig, kann man davon ausgehen, dass das Innere hart und holzig ist. Kaufen Sie ruhig mehr Ingwer als im Augenblick benötigt – er hält sich gut und man weiß nie, wie die Knolle innen wirklich aussieht und ob man nicht doch etwas mehr braucht.

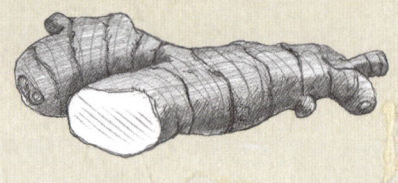

  *Die Ingwerknolle mit einem großen, scharfen Kochmesser abschälen und glätten (die Abschnitte können zur Zubereitung von Currypasten verwendet werden).*

Das Ingwerstück mit dem scharfen Messer in feine Scheiben schneiden. Diese sollten so dünn wie möglich sein.

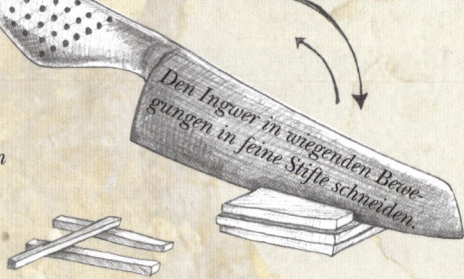

Je 2–3 Ingwerscheiben aufeinanderlegen und in wiegenden Bewegungen des Messers in feine Stifte schneiden. Dabei den Ingwer mit den Fingern der freien Hand festhalten.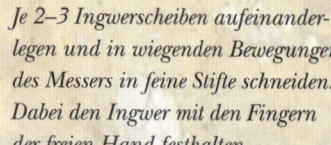

Der so zerkleinerte Ingwer ist sehr dekorativ und kann zum Garnieren von Salaten und Currys verwendet werden. Zur Verwendung beim Kochen wird Ingwer meist gerieben, dann sieht er aber natürlich nicht mehr so ansprechend aus.

Fisch & Meeresfrüchte

FRISCHE KAFFIRLIMETTENBLÄTTER

Kaffirlimettenblätter sollten immer sehr fein zerkleinert werden, da größere Stücke unangenehm schmecken, wenn man versehentlich daraufbeißt. Die folgende Methode kommt in der Thai-Küche immer wieder zum Einsatz. Kaffirlimettenblättern lassen sich übrigens gut durch die abgeriebene Schale von Limetten ersetzen, die ähnliche aromatische Eigenschaften haben.

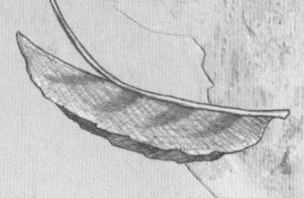

Auf der Blattrückseite befindet sich die leicht erhabene Mittelrippe. Diese mit einem scharfen Messer so entfernen, dass sich die Blätter flach übereinanderlegen lassen.

Die Blätter eng zu einer dünnen, festen Zigarre zusammenrollen und diese mit dem Messer in gleichmäßig wiegenden Bewegungen in möglichst dünne Streifen schneiden.

CHILISCHOTEN

Die schärfsten Teile einer Chilischote sind ihre Samen und die weißen Scheidewände. Schneidet man diese heraus, lässt sich die Schärfe etwas besser kontrollieren.

Zum Entkernen den Stielansatz abschneiden und wegwerfen.

Die Chilischote auf ein Schneidebrett legen, das Messer diagonal am oberen Ende der Schote ansetzen und die freie Hand locker auf die Schote auflegen. Das Messer nun vorsichtig der Länge nach mittig durch die Schote bewegen, um diese zu halbieren.

Mit der gleichen Messerbewegung die Samen und Scheidewände von der Innenwand der Schote lösen. Die Samen und weiße Fasern wegwerfen und das Schneidebrett säubern.

Je 2–3 Chilihälften mit der Innenseite nach oben aufeinanderstapeln und mit wiegenden Messerbewegungen quer in feine Streifen schneiden.

Fisch & Meeresfrüchte

Gegrillter Fisch
mit karamelliger Chili-Tamarinden-Sauce

Die üppige, aromatisch intensive Karamellsauce harmoniert wunderbar mit dem milden Fischgeschmack.

Für 4 Portionen
••••

Vorbereitungszeit
5 Minuten

Marinierzeit
10 Minuten

Garzeit
6 Minuten

Zutaten

4 Korianderwurzeln, fein gehackt

1 frische rote Chilischote, von Samen befreit und fein gehackt

Salz

1 Stück frischer Ingwer (4 cm), geschält und gerieben

Saft von 1 Limette

4 Fischfilets mit Haut (z. B. Seebrasse, Dorade, Meeräsche oder auch Regenbogenforelle)

1 Rezeptmenge karamellige Chili-Tamarinden-Sauce (siehe Seite 235)

2 EL Kokoschips, geröstet

Blättchen von 2 Zweigen frischem Koriandergrün

Gewürze

frisch gemahlener schwarzer Pfeffer

1. In einem Mörser zunächst die Korianderwurzeln mit der roten Chilischote und einer Prise Salz zu einer groben Paste zerstoßen, dann den geriebenen Ingwer und zuletzt den Limettensaft einarbeiten.

2. Die Fischfilets in ein flaches, nicht-metallisches Gefäß legen und mit der Würzpaste bestreichen. 10 Minuten im Kühlschrank ziehen lassen.

3. Eine Grillpfanne oder den Backofengrill stark erhitzen. Den marinierten Fisch mit Salz und schwarzem Pfeffer würzen. Bei Verwendung einer Grillpfanne den Fisch zuerst mit der Hautseite nach unten grillen. Bei Benutzung des Backofengrills die Filets zunächst mit der Hautseite nach oben garen. Von jeder Seite 3 Minuten grillen, bis die Haut goldbraun ist und Blasen wirft.

4. Die fertig gegrillten Filets mit der Hautseite nach oben auf einer Servierplatte anrichten. Einige Löffel der Chili-Tamarinden-Sauce darauf verteilen, die Fischstücke mit den Kokoschips und Korianderblättchen bestreuen und servieren.

Gebratener Sesam-Thunfisch
mit Zitronengras & Ingwer

Für 4 Portionen

Vorbereitungszeit
10 Minuten

Garzeit
3 Minuten

Die Marinade, die den Eigengeschmack des gebratenen Thunfischs hier bestmöglich in Szene setzt, liefert obendrein eine ordentliche Ladung Aroma, Farbe und Textur.

Zutaten
1 Stück frischer Ingwer (3 cm), geschält und gerieben

2 Stängel Zitronengras, von harten Außenblättern befreit und in feine Streifen geschnitten

abgeriebene Schale und Saft von 3 unbehandelten Limetten

abgeriebene Schale und Saft von 1 unbehandelten Orange

2 EL helle Sojasauce

4 Frühlingszwiebeln, in feine Ringe geschnitten

2 frische grüne Chilischoten, von Samen befreit und fein gehackt

4 Thunfischsteaks (à 100 g)

Salz

3 EL Sesamsamen

1 EL Pflanzenöl

10 Blättchen frische Minze, fein gehackt

Blättchen von 3 Zweigen frischem Koriandergrün, grob gehackt

Gewürze
frisch gemahlener schwarzer Pfeffer

1. In einer Schüssel den Ingwer, das Zitronengras, Limettenschale und -saft, Orangenschale und -saft, die Sojasauce, die Frühlingszwiebeln sowie die Chilischoten gründlich verrühren.

2. Die Thunfischsteaks mit Salz und schwarzem Pfeffer würzen und mit den Sesamsamen bestreuen.

3. In einer Pfanne bei hoher Temperatur das Pflanzenöl erhitzen und darin die Thunfischsteaks von jeder Seite 90 Sekunden scharf anbraten.

4. Die Fischstücke aus der Pfanne nehmen und auf Tellern anrichten.

5. Die Hälfte der Kräuter in die Sauce einrühren und diese mit einem Löffel auf den Fischstücken verteilen. Den Thunfisch mit den restlichen Kräutern bestreuen und servieren.

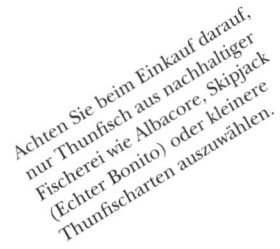

TIPP: Achten Sie beim Einkauf darauf, nur Thunfisch aus nachhaltiger Fischerei wie Albacore, Skipjack (Echter Bonito) oder kleinere Thunfischarten auszuwählen.

Knusprig frittierte Fischchen
mit Thai-Gewürzen

Die in diesem Rezept verwendeten Fische sind so klein, dass sie im Ganzen frittiert werden. Sie sind ideal als Zwischenmahlzeit oder Vorspeise. Besonders gut eignen sich beispielsweise frische Sardellen oder kleine Sprotten.

Für 4 Portionen
••••

Vorbereitungszeit
5 Minuten

Marinierzeit
5 Minuten

Garzeit
3 Minuten
(pro Portion)

Zutaten
200 ml Pflanzenöl

500 g kleine Fische (z. B. Sardellen oder kleine Sprotten), geputzt

Saft von 1 Limette

1 EL Fischsauce

2 Stängel Zitronengras, von harten Außenblättern befreit und fein gehackt

1 Stück frischer Ingwer (4 cm), geschält und gerieben

3 TL Gewürzmischung mit Salz & Pfeffer (siehe Seite 246)

100 g Reismehl

Zum Servieren
einige Blättchen frisches Koriandergrün, zerpflückt

Limettenspalten

Sauer-scharfe Chilisauce (siehe Seite 234), frische Chilikonfitüre (siehe Seite 239) oder Nahm-Jim-Sauce mit grünen Chilischoten (siehe Seite 237)

1. In einem Wok das Öl auf 200 °C erhitzen. Wenn ein Brotwürfel darin innerhalb von 15 Sekunden goldbraun wird, ist es ausreichend heiß.

2. Die Fischchen in eine Schüssel geben. Den Limettensaft, die Fischsauce, das Zitronengras, den Ingwer und die Gewürzmischung hinzufügen und alles behutsam so vermengen, dass die Fische rundherum von der Marinade bedeckt sind. 5 Minuten ziehen lassen.

3. Das Reismehl in eine flache Schale oder einen tiefen Teller geben und die marinierten Fische gleichmäßig darin wenden. Diese anschließend in ein Sieb legen und das überschüssige Mehl abklopfen.

4. Die Fische nun portionsweise je etwa 3 Minuten im heißen Öl goldbraun frittieren. Die fertig gegarten Fische herausheben und auf Küchenpapier abtropfen lassen. Mit Korianderblättchen bestreuen und mit Limettenspalten und sauer-scharfer Chilisauce, frischer Chilikonfitüre oder Nahm-Jim-Sauce mit grünen Chilischoten servieren.

TIPP: Diese Marinade passt, ebenso wie die Saucen, zu jeder Art von Fisch, Krustentieren wie Garnelen und Tintenfisch.

Gegrillter Fisch
mit Kurkuma

Für 4-6 Portionen
••••–••••••

Vorbereitungszeit
20 Minuten

Marinierzeit
20 Minuten

Garzeit
10–12 Minuten

Für dieses Gericht eignet sich jede Art von kleinen bis mittelgroßen Fischen. Rechnen Sie dann einen Fisch pro Person. Sie können aber natürlich auch einen großen Fisch zubereiten und ihn mit Ihren Gästen teilen.

Zutaten

4 frische rote Chilischoten, von Samen befreit

1 TL Salz

2 Stängel Zitronengras, von harten Außenblättern befreit und fein gehackt

1 Stück frischer Ingwer (4 cm), geschält und gerieben

4 Schalotten, gehackt

2 Limetten, von Schale und weißer Innenhaut befreit und fein gehackt

200 ml Kokoscreme

1 großer Fisch (z. B. Wolfsbarsch, Seebrasse oder Dorade) oder 4–6 kleinere Fische (ca. 1 kg), küchenfertig vorbereitet

Gewürze
1 TL gemahlene Kurkuma

Zum Servieren
Limettenspalten

1. Die Chilischoten und das Salz im Mörser zerreiben. Das Zitronengras und den Ingwer zugeben und alles zu einer groben Paste zerdrücken. Die Schalotten- und die Limettenstücke sowie für die Bindung etwas von der Kokoscreme einarbeiten.

2. Die Würzpaste in ein großes, flaches Gefäß geben und mit der restlichen Kokoscreme und der Kurkuma verrühren.

3. Den Fisch von jeder Seite dreimal diagonal bis auf die Mittelgräte einschneiden, damit die Marinade tief in das Fleisch einziehen kann. Den Fisch sorgfältig in der Marinade wenden, dann 20 Minuten im Kühlschrank ziehen lassen, dabei gelegentlich wenden.

4. Einen Grill oder eine Grillpfanne erhitzen. Ein großes Stück Alufolie doppelt zusammenlegen und auf dem Grillrost oder in der Pfanne platzieren. Den Fisch auf der Folie von jeder Seite 5–6 Minuten goldbraun und gar grillen. Zwischendurch mit der restlichen Marinade bepinseln.

5. Den Fisch auf einer großen Platte oder mehreren Portionstellern anrichten und sofort mit Limettenspalten als Imbiss, Vorspeise oder Teil eines größeren asiatischen Essens servieren.

Miang Pla Tu
Thai-Makrelensalat mit Ingwer, Schalotten & Limette

Ein einfacher Salat, der sich sehr gut auch mit anderen milden Sorten von Fettfisch zubereiten lässt. Mit seinen kräftigen Aromen eignet sich dieser Klassiker vor allem als Vorspeise.

Für 6 Portionen
• • • • • •

Vorbereitungszeit
10 Minuten

Garzeit
6 Minuten

Zutaten
700 g Fischfilet (z. B. Makrele, Thunfisch, Schwertfisch oder Regenbogenforelle) mit Haut
Salz
Pflanzenöl zum Braten
1 Limette
Saft und abgeriebene Schale von 1 unbehandelten Limette
2 EL Fischsauce
2 TL Rohrrohrzucker
2 frische mittelscharfe grüne Chilischoten, von Samen befreit und fein gehackt
1 Stück frischer Ingwer (4 cm), geschält und gerieben
4 Schalotten, halbiert und in feine Ringe geschnitten
100 g Erdnusskerne ohne Haut, geröstet und zerstoßen

Gewürze
frisch gemahlener schwarzer Pfeffer

1. Eine Pfanne mit schwerem Boden stark erhitzen. Den Fisch mit Salz und schwarzem Pfeffer würzen. Etwas Öl in die Pfanne geben und den Fisch mit der Hautseite nach unten 3 Minuten braten. Dann wenden und von der anderen Seite ebenfalls 3 Minuten braten, bis das Fleisch gar und goldbraun ist – die genaue Garzeit hängt von der Größe der Filets ab. Den Fisch aus der Pfanne nehmen und abkühlen lassen.

2. Die Limette schälen und von der weißen Innenhaut befreien. Das Fruchtfleisch zunächst in feine Scheiben, dann in kleine Würfel schneiden. Bei Bedarf Reste der Innenhaut entfernen. In einer großen Schüssel den Limettensaft mit der Fischsauce und dem Zucker zu einem glatten Dressing verrühren.

3. Die abgekühlten Fischfilets behutsam zerteilen, dabei eventuell noch vorhandene Gräten und Haut entfernen. Die Fischstücke in das Dressing geben. Die Chilischoten, die gewürfelte Limette, den Ingwer, die Schalotten und die Limettenschale dazugeben und alles so behutsam vermengen, dass der Fisch nicht völlig zerfällt. Die Mischung abschmecken und bei Bedarf nachwürzen – der Salat sollte scharf, süßlich, salzig und säuerlich zugleich schmecken. Die zerstoßenen Erdnüsse unterheben und servieren.

Fisch & Meeresfrüchte 133

Kabeljau aus dem Wok

mit Zuckerschoten, Ingwer & Fünf-Gewürze-Pulver

Dieses einfache Wokgericht steckt voller köstlicher Aromen. Wokgerichte aus China und Südostasien enthalten oft gleich mehrere geschmacksintensive Zutaten wie beispielsweise Ingwer und Chili.

Für 4 Portionen
••••
(als Teil einer größeren Mahlzeit)

Vorbereitungszeit
10 Minuten

Garzeit
8 Minuten

Zutaten
2 EL Pflanzenöl

1 Stück frischer Ingwer (4 cm), geschält und in feine Scheiben geschnitten

200 g Zuckerschoten, geputzt

Salz

2 Knoblauchzehen, fein gehackt

3 Korianderwurzeln, fein gehackt

1 frische rote Chilischote, von Samen befreit und fein gehackt

600 g Kabeljaufilet (oder Filet von einem anderen Fisch mit festem weißem Fleisch), in 2 cm große Würfel geschnitten

1½ EL Fischsauce

1 EL Sojasauce

4 Frühlingszwiebeln, fein gehackt

Saft von 1 Limette

Blättchen von 3 Zweigen frischem Koriandergrün

Gewürze
1 TL Fünf-Gewürze-Pulver

½ TL gemahlene Koriandersamen

½ TL gemahlener Zimt

frisch gemahlener schwarzer Pfeffer

1. Einen Wok bei hoher Temperatur erhitzen. Die Hälfte des Öls hineingeben und darin den Ingwer etwa 1 Minute anschwitzen, bis er duftet. Die Zuckerschoten hinzufügen und so verteilen, dass sie gleichmäßig mit dem heißen Wok in Berührung kommen. Etwa 2 Minuten anbraten, dann mit Salz und schwarzem Pfeffer würzen. Anschließend mit einem Schaumlöffel aus dem Wok nehmen und beiseitestellen.

2. Das restliche Öl in den Wok geben und darin den Knoblauch, die Korianderwurzeln und die Chilischote etwa 1 Minute anschwitzen. Den Fisch hinzufügen, dann alles mit den Gewürzen bestreuen und etwa 2 Minuten garen, bis der Fisch gebräunt ist. Die Fischsauce und Sojasauce einrühren und die Mischung aufkochen lassen.

3. Die Zuckerschoten sowie den Ingwer zurück in den Wok geben. Die Frühlingszwiebeln hinzufügen und alles behutsam vermengen. Mit dem Limettensaft beträufeln und mit den Korianderblättchen bestreut servieren.

Aromatisch geräuchertes Fischfilet

Für 4-6 Portionen
•••—•••••

Vorbereitungszeit
15 Minuten

Marinierzeit
20 Minuten

Räucherzeit
12–15 Minuten

Diese einfache Räuchermethode macht aus ganz gewöhnlichem Fisch ein großartiges Geschmackserlebnis. Auch andere Fischarten und Krustentiere können auf diese Weise zubereitet werden, am besten gelingen allerdings Fettfische wie Makrele, Lachs, Forelle und Thunfisch sowie Garnelen.

Zutaten

3–4 EL Rohrohrzucker

2 EL helle Sojasauce

Saft von 1 Limette

500 g zum Räuchern geeignetes Fischfilet (z. B. Fettfisch wie Makrele, Regenbogenforelle, Lachs oder Meeräsche)

2 Stängel Zitronengras, von harten Außenblättern befreit und grob gehackt

1 Stück frischer Ingwer (4–5 cm), geschält und in Scheiben geschnitten

100 g ungekochter weißer Thai-Reis

50 g Jasmintee oder grüner Tee (auch aus Teebeuteln)

100 g Kokosraspel

Gewürze

4 Stücke Sternanis

4 Zimtstangen

1 EL Fenchelsamen, zerstoßen

1 EL Koriandersamen, zerstoßen

frisch gemahlener schwarzer Pfeffer

1. In einem flachen Gefäß 2 TL von dem Zucker mit der Sojasauce, dem Limettensaft und etwas schwarzem Pfeffer verrühren. Die Fischfilets sorgfältig darin wenden und anschließend etwa 20 Minuten im Kühlschrank ziehen lassen.

2. Einen großen Wok mit zwei Lagen Alufolie auslegen. Alle restlichen Zutaten einschließlich der Gewürze in einer Schüssel vermischen und dann auf die Alufolie in den Wok geben. Den dazugehörigen Drahtrost auf den Wok legen.

3. Die Fischfilets auf dem Rost platzieren und den Wok mit dem Deckel schließen.

4. Den Herd zunächst auf hohe Temperatur erhitzen, so dass die Räuchermischung bräunen kann. Nach etwa 2 Minuten die Temperatur reduzieren und den Fisch 12–15 Minuten räuchern. Zwischendurch einmal wenden. Den gegarten Fisch vom Rost nehmen und abkühlen lassen. Die Haut sowie eventuell noch vorhandene Gräten und gräuliche Stellen entfernen und den geräucherten Fisch servieren.

5. Auf diese Weise heiß geräucherter Fisch hält sich, wie anders gegarter Fisch auch, im Kühlschrank etwa 3 Tage.

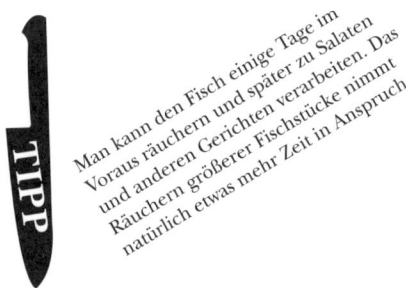

TIPP Man kann den Fisch einige Tage im Voraus räuchern und später zu Salaten und anderen Gerichten verarbeiten. Das Räuchern größerer Fischstücke nimmt natürlich etwas mehr Zeit in Anspruch.

Fisch & Meeresfrüchte | 39

Räucherforelle
mit gerösteter Kokosnuss & Ingwer

Für 4 Portionen
••••
(als Vorspeise)

Vorbereitungszeit
10 Minuten

Garzeit
10 Minuten

Filets von der Regenbogenforelle eignen sich hervorragend zum Heißräuchern mit einer aromatischen Räuchermischung, denn der Fisch ist nicht teuer und schön fettreich. Dank ihres feinen Aromas lässt sich die geräucherte Forelle vielseitig verwenden. In Kombination mit ein paar frischen und würzigen Zutaten entsteht hier eine köstliche Vorspeise.

Zutaten
50 g Kokoschips

1 Stück frischer Ingwer (4 cm), geschält und gerieben

1 frische rote Chilischote, von Samen befreit und fein gehackt

4 aromatisch geräucherte Fischfilets, bevorzugt Regenbogenforelle (siehe Seite 138)

1 Rezeptmenge frische Chilikonfitüre (siehe Seite 239)

Blättchen von 2 Zweigen frischer Minze, zerpflückt

Saft von 2 Limetten

Gewürze
1 EL Koriandersamen, zerstoßen

1. Die Kokoschips, die zerstoßenen Koriandersamen, den Ingwer und die Chilischote in einer trockenen Pfanne bei mittlerer Temperatur etwa 4 Minuten langsam erhitzen, bis die Kokoschips und der Koriander goldgelb geröstet, der Ingwer und die Chilischote getrocknet sind und alles einen feinen Duft abgibt.

2. Den geräucherten Fisch grob zerteilen und auf Tellern oder einer Servierplatte anrichten.

3. Etwas Chilikonfitüre über den Fisch träufeln. Die Minzeblätter unter die Würzmischung in der Pfanne heben. Die Mischung auf dem Fisch verteilen, alles mit Limettensaft beträufeln und sofort servieren.

Rosa gegrillter Thunfisch
mit asiatischer Kräutersauce

Für 4-6 Portionen
•••–••••

Vorbereitungszeit
10 Minuten

Garzeit
1–2 Minuten

Diese ansprechenden kleinen Thunfischhappen machen sich großartig als Appetizer zu einem kalten Getränk oder als eine von verschiedenen Vorspeisen.

Zutaten

2 frische rote Chilischoten, von Samen befreit und fein gehackt

2 Frühlingszwiebeln, fein gehackt

abgeriebene Schale und Saft von 2 unbehandelten Limetten

2 EL Fischsauce

2 TL Sesamöl

Pflanzenöl

500 g Thunfisch, in 3 dicke Steaks geschnitten

Salz

Blättchen von 2 Zweigen frischem Koriandergrün

Blättchen von 2 Zweigen frischem Thai-Basilikum oder Basilikum

Gewürze

1 EL Koriandersamen

¼ TL frisch gemahlener schwarzer Pfeffer, plus etwas zum Abschmecken

1. In einer Pfanne die Koriandersamen bei mittlerer Temperatur trocken rösten. Anschließend im Mörser grob zerstoßen.

2. In einer Schüssel die Koriandersamen, die Chilischoten, die Frühlingszwiebeln, Limettenschale und -saft, die Fischsauce und das Sesamöl gründlich verrühren und dann beiseitestellen.

3. In einer beschichteten Pfanne etwas Pflanzenöl bei hoher Temperatur erhitzen.

4. Den Thunfisch mit Salz und schwarzem Pfeffer würzen. Die Stücke von allen Seiten je 40 Sekunden scharf anbraten. Mithilfe einer Küchenzange wenden.

5. Die Thunfischstücke aus der Pfanne nehmen und auf ein Schneidebrett legen. Mit einem grob gezahnten Sägemesser in dünne Scheiben schneiden und diese auf einer großen Platte anrichten.

6. Die Thunfischscheiben mit der Sauce beträufeln, mit den Koriander- und Basilikumblättchen bestreuen und servieren.

Garnelen-Saté

Für 4-6 Portionen
●●●●·●●●●●

Vorbereitungszeit
10 Minuten

Marinierzeit
1 Stunde

Garzeit
10 Minuten

Die für dieses Rezept verwendete Garnelenpaste bekommen Sie im Asialaden. Roh und für sich hat sie zwar einen sehr strengen, stechenden Geruch, erhitzt man sie jedoch, weicht dieser einem feinen Aroma.

Zutaten
2 EL Erdnusskerne ohne Haut
2 Knoblauchzehen, fein gehackt
2 Stängel Zitronengras, von harten Außenblättern befreit und fein gehackt
1 Prise Salz
1 EL Pflanzenöl
1 TL Garnelenpaste (siehe Seite 18)
Saft von 1 Limette
100 ml Kokoscreme
1 kg große rohe Garnelen, geschält und geputzt

Gewürze
½ TL Chiliflocken

Außerdem
1 Packung Bambusspieße (15 cm), 30 Minuten in kaltem Wasser eingeweicht

Zum Servieren
Limettenspalten

1. Die Erdnusskerne in einer trockenen Pfanne bei hoher Temperatur goldgelb rösten, dabei immer wieder rühren, damit sie nicht anbrennen. Anschließend im Mörser fein zerstoßen.

2. Auf einem Schneidebrett oder im Mörser den Knoblauch und das Zitronengras mit dem Salz und den Chiliflocken zu einer groben Paste verarbeiten.

3. In einem Topf das Pflanzenöl bei hoher Temperatur erhitzen und darin die Knoblauchpaste zusammen mit der Garnelenpaste anschwitzen, bis beides aromatisch duftet. Den Limettensaft und die Kokoscreme einrühren und alles bei niedriger Temperatur 4–5 Minuten sanft köcheln lassen, dann die Erdnüsse hinzufügen. Abschmecken und bei Bedarf nachwürzen – die Mischung sollte scharf, süßlich, salzig und säuerlich zugleich schmecken. Abkühlen lassen.

4. Die Garnelen in der abgekühlten Marinade wenden und dann mindestens 1 Stunde im Kühlschrank ziehen lassen.

5. Eine Grillpfanne oder den Gartengrill stark vorheizen. Je drei bis vier marinierte Garnelen auf einen eingeweichten Bambusspieß stecken. Die Spieße in der Pfanne oder auf dem heißen Grill von jeder Seite einige Minuten gar grillen. Mit Limettenspalten servieren.

Auf die gleiche Art können Sie auch andere Sorten von Krustentieren, Calamari oder Fischwürfel zu köstlichen Spießen verarbeiten.

144 Fisch & Meeresfrüchte

Muscheln aus dem Wok
mit Chilikonfitüre

Dieses einfach zuzubereitende Gericht besteht aus nur wenigen Zutaten, bietet dafür aber umso mehr Geschmack – genau die Art von Rezept, die dazu ermutigt, die Ärmel hochzukrempeln und sich sofort ans Werk zu machen. Sie können ganz nach Geschmack Miesmuscheln, Venusmuscheln oder auch beides verwenden.

Für 4 Portionen

Vorbereitungszeit
15 Minuten

Garzeit
6 Minuten

Zutaten
750 g Miesmuscheln
300 g Venusmuscheln
2 EL Pflanzenöl
1 Stück frischer Ingwer (3 cm), geschält und in feine Scheiben geschnitten
2 Stängel Zitronengras, von harten Außenblättern befreit und fein gehackt
4 EL frische Chilikonfitüre (siehe Seite 239)
Blättchen von 1 kleinen Bund frischem Thai-Basilikum
Saft von 2 Limetten
Salz

Gewürze
frisch gemahlener schwarzer Pfeffer

1. Die Muscheln vorbereiten wie unten beschrieben.

2. Eine Pfanne mit schwerem Boden oder einen Wok bei hoher Temperatur erhitzen. Das Öl hineingeben und darin die Hälfte des Ingwers sowie des Zitronengrases 1–2 Minute anschwitzen, bis beides aromatisch duftet. Die Muscheln sowie die Chilikonfitüre in den Wok geben, rühren, damit sich die Konfitüre gleichmäßig verteilt, und alles bei hoher Temperatur heiß werden lassen.

3. 100 ml Wasser angießen, dann den Deckel auflegen und die Muscheln unter gelegentlichem Schwenken 2 Minuten garen. Dann den Deckel abnehmen und alles gründlich vom Boden her umrühren. Den Deckel wieder auflegen und das Ganze weitere 2 Minuten köcheln lassen, bis sich alle Muscheln geöffnet haben.

4. Die Hälfte des Thai-Basilikums und des Limettensafts einrühren und alles mit reichlich schwarzem Pfeffer würzen. Den Sud abschmecken und bei Bedarf nachwürzen – möglicherweise fehlt etwas Salz. Alles noch einmal gründlich durchmischen, dann die Muscheln mit dem Sud auf Portionsschalen verteilen. Mit dem restlichen Thai-Basilikum, Zitronengras und Ingwer bestreuen und servieren.

So wird's gemacht
MUSCHELN VORBEREITEN

- *Die Muscheln unter fließend kaltem Wasser abspülen. Mit einem alten Messer Schmutz und Rankenfüßer abkratzen.*
- *Die Muschelbärte vom breiteren Ende der Muschel her abziehen, dann die Muscheln gründlich waschen, bis das Wasser vollständig klar bleibt.*
- *Muscheln, die sich beim Daraufklopfen nicht schließen, sind tot und sollten, ebenso wie verdorben riechende Muscheln, nicht mehr verzehrt und weggeworfen werden.*

Gegrillter Fisch
mit Chili, Knoblauch & Ingwer

Die Küche Südthailands ist berühmt für wundervolle Gerichte mit Fisch und Meeresfrüchten und ihre großzügige Verwendung scharfer roter Chilischoten. Wer es nicht ganz so scharf mag, reduziert in diesem Gericht einfach die verwendete Menge.

Für 4–6 Portionen
●●●—●●●●●

Vorbereitungszeit
15 Minuten

Marinierzeit
10 Minuten

Garzeit
10 Minuten

Zutaten
5 frische rote Chilischoten, von Samen befreit und fein gehackt
2 Knoblauchzehen, fein gehackt
Salz
4 Zweige frisches Koriandergrün
1 Stück frischer Ingwer (4 cm), geschält und fein gehackt
2 EL Fischsauce
Saft von 3 Limetten
1 großer Fisch mit weißem Fleisch (z. B. Seebrasse oder Rotbarsch), küchenfertig vorbereitet
4 Stängel Zitronengras, von harten Außenblättern befreit und fein gehackt
1 TL extrafeiner Zucker

Gewürze
½ TL frisch gemahlener weißer Pfeffer

1. In einem Mörser die Chilischoten und den Knoblauch mit etwas Salz zerreiben. Das Salz wirkt als eine Art Schleifmittel und trägt dazu bei, die faserigen Zutaten besser zu zerkleinern. Die Korianderblättchen von den Stängeln zupfen, fein hacken und beiseitestellen. Die Korianderstängel hacken, zusammen mit dem Ingwer zu der Chili-Knoblauch-Mischung geben und alles zu einer glatten Paste verarbeiten. 1 EL von der Fischsauce, ein Drittel des Limettensafts sowie einen Spritzer Wasser untermischen.

2. Den Fisch auf jeder Seite viermal diagonal bis zur Mittelgräte einschneiden. Gleichmäßig rundherum mit der Würzpaste einreiben, dabei auch etwas in die Einschnitte drücken. 5–10 Minuten im Kühlschrank ziehen lassen.

3. In der Zwischenzeit den Backofen- oder Gartengrill oder eine Grillpfanne vorheizen. Im Mörser das Zitronengras mit etwas Salz und dem Zucker zerreiben. Den weißen Pfeffer und die Korianderblättchen dazugeben und alles zu einer mittelfeinen Paste verarbeiten. Die restliche Fischsauce, den restlichen Limettensaft sowie 50 ml Wasser einrühren.

4. Bei Verwendung des Gartengrills wird ein dünnes Metallgitter, beispielsweise ein Kuchengitter, benötigt, beim Grillen mit Oberhitze ein mit Alufolie ausgelegtes, flaches Backblech. Den Fisch je nach Größe von jeder Seite 4–5 Minuten grillen. Vorsichtig wenden, damit die Haut nicht zerreißt.

5. Den gegarten Fisch auf einer großen Platte anrichten und mit der Zitronengras-Pfeffer-Sauce beträufeln.

TIPP Die Einschnitte im Fisch sorgen dafür, dass die Würzpaste gut einzieht und die Grillhitze bis zur Gräte kommt. Auf diese Weise gart der Fisch rundherum aromatisch und knusprig-braun.

Fisch & Meeresfrüchte

Currys & Suppen

Kapitel 5

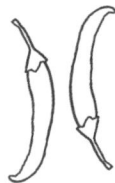

Fischcurry mit Kokosmilch

Für 4-6 Portionen

●●●—●●●●●

Vorbereitungszeit
15 Minuten

Garzeit
25 Minuten

Bei diesem wunderbaren Gericht kann man Fisch und Krustentiere nach Herzenslust kombinieren, wichtig ist nur, dass das Curry am Ende schön ausgewogen scharf, süß, salzig und säuerlich schmeckt.

Zutaten
5 Knoblauchzehen

3 kleine rote Zwiebeln, gehackt

1 Stück frischer Ingwer (4 cm), geschält

2 Stängel Zitronengras, von harten Außenblättern befreit und grob gehackt

abgeriebene Schale von 1 unbehandelten Limette

1 TL Salz

1 EL Pflanzenöl

2 TL Garnelenpaste (siehe Seite 18)

3 Kaffirlimettenblätter

600 ml Kokoscreme

Saft von 2 Limetten

1 EL Fischsauce

1 EL Tamarindenmark

300 g Fischfilet mit festem weißem Fleisch, in 2 cm große Würfel geschnitten

200 g große rohe Garnelen, geschält und geputzt

200 g gegartes Krebsfleisch, Tintenfisch oder eine andere Sorte Fisch oder Krustentier, küchenfertig vorbereitet, nach Geschmack

Blättchen von 3 Zweigen frischem Koriandergrün, zerpflückt

Blättchen von 3 Zweigen frischer Minze, zerpflückt

Gewürze
6 getrocknete rote Chilischoten, halbiert, in warmem Wasser eingeweicht und anschließend abgetropft

1 TL gemahlene Kurkuma

frisch gemahlener schwarzer Pfeffer

1. Die eingeweichten Chilischoten in der Küchenmaschine oder einem Mixer mit dem Knoblauch, den Zwiebeln, dem Ingwer, dem Zitronengras, der abgeriebenen Limettenschale und dem Salz zu einer feinen Paste verarbeiten.

2. In einem Topf mit schwerem Boden bei mittlerer Temperatur etwas Öl erhitzen und darin die Garnelenpaste 2 Minuten anschwitzen, bis sie aromatisch duftet. Anschließend die Würzpaste hinzufügen.

3. Das Kurkumapulver und die Kaffirlimettenblätter einrühren und die Mischung etwa 10 Minuten sanft köcheln lassen. Nun die Kokoscreme unterziehen und alles köcheln und um ein Drittel eindicken lassen. Abschmecken und bei Bedarf nachwürzen.

4. Den Limettensaft, die Fischsauce und das Tamarindenmark in die Sauce rühren. Den Fisch mit Salz und schwarzem Pfeffer würzen und dann in die köchelnde Sauce geben. Den Herd abstellen und den Fisch 2 Minuten gar ziehen lassen.

5. Die Garnelen hinzufügen und alles bei niedriger Temperatur 1 weitere Minute sanft köcheln lassen, dann das Krebsfleisch dazugeben. Alles behutsam, aber sorgfältig vermengen. Das Curry sollte nicht mehr aufkochen, da der Fisch sonst zerfällt.

6. Die Koriander- und die Minzeblättchen unter die Sauce heben. Diese erneut abschmecken, bei Bedarf mit Limettensaft oder Fischsauce nachwürzen und servieren. Dazu passen sowohl Reis als auch Nudeln ganz hervorragend.

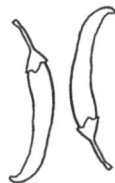

Grünes Thai-Curry
mit Garnelen

Für 4-6 Portionen

●●●●—●●●●●

Vorbereitungszeit
10 Minuten

Garzeit
10 Minuten

Die beste Voraussetzung dafür, jederzeit im Handumdrehen ein wirklich gutes Curry zaubern zu können, ist, immer gleich größere Mengen der Currypaste herzustellen und den Überschuss in kleinen Portionen einzufrieren. Authentischer Currygenuss ist dann nie weiter als ein paar Minuten entfernt!

Zutaten

1 Rezept grüne Currypaste (siehe Seite 224)

300 ml Kokoscreme

2 Stängel Zitronengras, von harten Außenblättern befreit und in feine Streifen geschnitten

150 g grüne Bohnen, geputzt (alternativ Zuckerschoten oder grüner Spargel)

1 EL Tamarindenmark

Saft von 2 Limetten

Saft von 1 Orange

1 EL Fischsauce

500 g große rohe Garnelen, geschält und geputzt

Blättchen von 3 Zweigen frischem Koriandergrün, grob gehackt

Blättchen von 2 Zweigen frischem Thai-Basilikum, grob gehackt

2 frische lange grüne Chilischoten, von Samen befreit und fein gehackt

3 Frühlingszwiebeln, fein gehackt

1. In einem Topf die Currypaste bei mittlerer Temperatur so lange erhitzen, bis sie zu rauchen anfängt. Die Hälfte der Kokoscreme dazugeben und alles aufkochen lassen.

2. Die Hälfte der Zitronengrasstreifen einrühren und alles bei niedriger Temperatur köcheln lassen. Dabei gelegentlich rühren, damit die Mischung nicht am Topfboden ansetzt. Bei Bedarf etwas Wasser hinzufügen, die Konsistenz durch die Zugabe von Kokoscreme anpassen.

3. Die grünen Bohnen in die Sauce geben und alles weitere 5 Minuten köcheln und eindicken lassen.

4. Anschließend das Tamarindenmark, die Hälfte des Limettensafts, den Orangensaft sowie die Fischsauce einrühren. Die Garnelen dazugeben und alles sanft weiterköcheln lassen.

5. Etwa ein Drittel der Kräuter in die simmernde Sauce einrühren. Diese abschmecken und bei Bedarf nachwürzen, bis das richtige Gleichgewicht zwischen scharf, sauer, salzig und süß erreicht ist. Das Curry mit dem restlichen Zitronengras, den restlichen Kräutern, den grünen Chilischoten und den Frühlingszwiebeln bestreuen und servieren. Dazu schmecken Reis oder Nudeln.

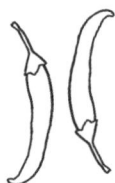

Rotes Hähnchencurry

Für 4-6 Portionen
●●●-●●●●●●

Vorbereitungszeit
5 Minuten

Garzeit
10 Minuten

Dieses Curry ist einer meiner Favoriten, denn es bietet mit jedem Löffel vollen Genuss – gebratene Fleischstücke, feine Gewürze, Schärfe, frische Kräuter wie Thai-Basilikum und schließlich die feine Säure von Ananas und Tamarinde. Ein köstliches Zusammenspiel verschiedener Aromen ...

Zutaten

2 EL Pflanzenöl

1 Knoblauchzehe, fein gehackt

1 Rezeptmenge rote Currypaste (siehe Seite 223)

250 ml Kokoscreme

1 EL Fischsauce

1 TL geriebener Palmzucker

3 gegrillte Hähnchenbrustfilets, in mundgerechte Stücke geschnitten

½ frische Ananas, geschält und in Stücke geschnitten

6 Kirschtomaten, halbiert

Blättchen von 4 Zweigen frischem Thai-Basilikum oder Basilikum

1 frische lange rote Chilischote, von Samen befreit und fein gehackt

1 Stück frischer Ingwer (4 cm), geschält und in feine Stifte geschnitten

1. In einem Topf mit schwerem Boden bei mittlerer Temperatur das Öl erhitzen und darin den Knoblauch goldgelb anschwitzen. Die Currypaste hinzufügen und alles unter Rühren erhitzen. Die Kokoscreme untermischen und alles unter ständigem Rühren zum Kochen bringen.

2. Die Temperatur reduzieren. Die Fischsauce und den Palmzucker einrühren und alles 5 Minuten köcheln lassen.

3. Die Hähnchenbruststücke unter die Sauce heben. Die Ananas- und die Tomatenstücke sowie das Thai-Basilikum einrühren. Das Curry mit der gehackten Chilischote und den Ingwerstiften bestreuen und servieren. Dazu passen Reis oder Nudeln.

• Sechsmal •
KOKOSNUSS

 Gedämpfte Muscheln & Garnelen

Erhitzen Sie etwas Öl und braten Sie darin 500 g küchenfertige Muscheln und 2 EL rote Currypaste an.

Mischen Sie 5 Kaffirlimettenblätter und 2 gehackte Stängel Zitronengras unter.

Rühren Sie 200 ml Kokoscreme, 3 EL Fischsauce und den Saft von 1 Zitrone ein. Die Mischung zum Kochen bringen.

Geben Sie 250 g rohe geschälte Garnelen dazu. Den Deckel auflegen und alles 2 Minuten köcheln lassen, bis die Garnelen gar sind und sich die Muscheln geöffnet haben.

Bestreuen Sie das Gericht mit 1 Handvoll zerpflückter Korianderblättchen. Mit Limettenspalten servieren.

 Kokospudding

Bringen Sie in einem Topf unter Rühren 200 ml Schlagsahne, ¼ TL Agar-Agar-Pulver und 40 g Puderzucker zum Kochen.

Nehmen Sie den Topf von der Kochstelle und rühren Sie 100 ml Kokoscreme in die Sahnemischung ein.

Füllen Sie die Masse in eine Form mit etwa 500 ml Fassungsvermögen. Abkühlen und dann im Kühlschrank mindestens 2 Stunden fest werden lassen.

Rösten Sie in einer trockenen Pfanne 200 g Kokosraspel goldgelb an.

Mischen Sie 1 TL gemahlenen Zimt, ½ TL frisch geriebene Muskatnuss und ¼ TL gemahlenen Kardamom unter. Alles weiterrösten, bis die Gewürze duften.

Reiben Sie die Schale von 1 unbehandelten Zitrone und 1 unbehandelten Orange ab. Unter die Kokosraspeln heben.

Stürzen Sie den fest gewordenen Pudding auf einen Teller. Mit den aromatisierten Kokosraspeln bestreuen, mit flüssigem Honig beträufeln und servieren.

 Gebratener Fisch in Kurkuma-Kokosnuss-Kruste

Vermischen Sie in einem flachen Gefäß ein geschältes und geriebenes Stück frischen Ingwer (4 cm), 2 gehackte frische rote Chilischoten, 50 g Reismehl, 100 ml Kokoscreme, 2 Eier, 1 TL gemahlene Kurkuma, 2 gehackte Frühlingszwiebeln, 1 Prise Salz und 2 EL geröstete Kokosraspel.

Bestäuben Sie 300 g weißes Fischfilet gleichmäßig mit Reismehl.

Erhitzen Sie in einem Wok oder einer tiefen Pfanne reichlich Pflanzenöl zum Frittieren. Das Fischfilet sorgfältig in dem Kurkuma-Kokosnuss-Teig wenden, überschüssigen Teig abtropfen lassen.

Frittieren Sie die Fischstücke portionsweise je 3–4 Minuten, bis die Kruste goldgelb knusprig und der Fisch gar ist. Mit Nahm-Jim-Sauce mit grünen Chilischoten (siehe Seite 237) servieren.

 Kürbiscremesuppe

Hacken Sie 2 Knoblauchzehen, 2 Korianderwurzeln und 2 grüne Chilischoten fein. In einem Topf mit etwas Öl zusammen mit ½ TL frisch geriebener Muskatnuss und ¼ TL gemahlenen Gewürznelken anschwitzen.

Schneiden Sie 300 g Butternut- oder Hokkaidokürbis in feine Würfel. Diese unter die angebratenen Gewürze mischen und alles mit Salz und Pfeffer würzen.

Gießen Sie 600 ml Kokosmilch an. Die Mischung kurz aufkochen und dann sanft köcheln lassen, bis der Kürbis gar ist. Den Saft von 2 Limetten und 2 EL Fischsauce unterrühren. 3 EL Kokosraspel in einer trockenen Pfanne goldgelb rösten. Die Suppe auf Schüsseln verteilen und mit den gerösteten Kokosraspeln und Korianderblättchen garnieren.

 Thai-Reissalat

Geben Sie 500 g gegarten, noch warmen Jasminreis in eine große Schüssel.

Rösten Sie 3 EL Kokosraspel in einer trockenen Pfanne goldgelb an. Die Kokosraspel zusammen mit 50 g Mungbohnensprossen, 2 gehackten Frühlingszwiebeln und 1 gewürfelten Gurke unter den Reis mischen.

Heben Sie die Blättchen von je 3 Zweigen frischer Minze und frischem Basilikum sowie 200 g kaltes gebratenes und zerkleinertes Schweine- oder Geflügelfleisch unter.

Verarbeiten Sie in einem Mörser 2 rote Chilischoten und 1 EL gemahlenen Ingwer zu einer glatten Paste. 60 ml Kokoscreme, den Saft von 1 Limette und 2 EL Fischsauce unterrühren.

Träufeln Sie das Dressing über die Reismischung. Alles gründlich vermengen und mit Limettenspalten sowie sauer-scharfer Chilisauce (siehe Seite 234) servieren.

6 Gegrillte Hähnchenschlegel mit grünen Kräutern

Zerreiben Sie in einem Mörser 3 Korianderwurzeln mit 1 EL frischem geriebenem Ingwer, 2 Knoblauchzehen und etwas Salz.

Geben Sie 4 fein gehackte Zweige frisches Koriandergrün dazu und verarbeiten Sie alles zu einer glatten Paste.

Rühren Sie 1 großzügige Prise Chiliflocken, 75 ml Kokoscreme und 2 EL Fischsauce in die Paste ein.

Bedecken Sie 8 Hähnchenschlegel mit der Kokosmischung. 1 Stunde im Kühlschrank marinieren.

Verpacken Sie die Fleischstücke anschließend zusammen in zwei Lagen Alufolie und verschließen Sie die Ränder fest.

Legen Sie das Päckchen auf den heißen Gartengrill und lassen Sie die Hähnchenschlegel etwa 15 Minuten garen. Das Päckchen zwischendurch wenden, damit das Fleisch nicht anbrennt. Die Schlegel mit dem Saft von 1 Limette beträufeln, mit Korianderblättchen bestreuen und servieren.

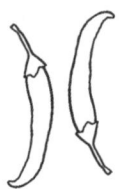

Sauer-scharfes Curry
mit gegrilltem Lachs

Für dieses Curry werden die Lachsfilets zunächst kurz angegrillt, um ihnen eine schöne Textur und einen kräftigen Eigengeschmack zu geben, und dann in der aromatischen Currysauce fertig gegart.

Für 4-6 Portionen
••••-•••••

Vorbereitungszeit
5 Minuten

Garzeit
10 Minuten

Zutaten
500 g Lachsfilet

Salz

1 Rezeptmenge sauer-scharfe Currypaste (siehe Seite 227)

100 g grüne Bohnen, geputzt

1 Bund grüner Spargel, in 3 cm lange Stücke geschnitten

1 rote Chilischote, von Samen befreit

2 Stängel Zitronengras, von harten Außenblättern befreit und fein gehackt

3 Kaffirlimettenblätter, von festen Stängeln und Rippen befreit und in feine Streifen geschnitten

Saft von 2 Limetten

1 EL Fischsauce

Blättchen von ½ Bund frischem Koriandergrün

Gewürze
frisch gemahlener schwarzer Pfeffer

1. Eine Grillpfanne bei hoher Temperatur erhitzen. Den Lachs mit Salz und schwarzem Pfeffer würzen und von jeder Seite 2 Minuten grillen, so dass Grillstreifen entstehen – der Fisch sollte nicht durch-, sondern nur angaren.

2. In einer Pfanne bei mittlerer Temperatur die Currypaste erhitzen. Dann die Temperatur reduzieren und den angegrillten Fisch etwa 2 Minuten in der Paste garen. Die grünen Bohnen und den Spargel dazugeben und etwa 3 Minuten anschwitzen.

3. Jeweils die Hälfte der Chilischote, des Zitronengrases und der Kaffirlimettenblätter unter die Mischung heben sowie den Limettensaft und die Fischsauce einrühren. Das Curry mit der anderen Hälfte von Chilischote, Zitronengras und Kaffirlimettenblättern sowie dem Koriander bestreuen und servieren. Am besten schmeckt dazu Reis.

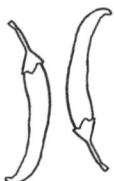

Massaman-Curry
mit geschmortem Rindfleisch

Für 4-6 Portionen
•••–•••••

Vorbereitungszeit
15 Minuten

Garzeit
3½ Stunden

Vor der eigentlichen Zubereitung dieses Currys wird das verwendete Rindfleisch langsam geschmort. Gut geeignete Fleischstücke sind unter anderem Rinderhachse oder Beinscheibe, Kurzrippensteak und Oberschale. Aber auch mit Lammschulter, Lammhachse oder Hühnerfleisch gelingt dieses Rezept sehr gut.

Zutaten

Pflanzenöl

1 kg Schmorfleisch vom Rind

1 Zwiebel, grob gehackt

2 Knoblauchzehen

1 Karotte, gehackt

1 Stange Sellerie, gehackt

3 Lorbeerblätter

1 Stück frischer Ingwer (4 cm), geschält und in Scheiben geschnitten

½ frische lange rote Chilischote, von Samen befreit

Salz

300 ml Kokoscreme

1 Rezeptmenge Massaman-Currypaste mit gerösteten Erdnüssen (siehe Seite 228)

3 mittelgroße Kartoffeln, geschält und in 2 cm große Würfel geschnitten

1 EL Fischsauce

Saft von 1 Limette

Blättchen von 3 Zweigen frischem Koriandergrün

Gewürze

3 Zimtstangen

4 Stücke Sternanis

frisch gemahlener schwarzer Pfeffer

1. Den Backofen auf 150 °C vorheizen.

2. In einem schweren, ofenfesten Topf etwas Öl erhitzen und das Fleisch darin von allen Seiten scharf anbraten. Die Zwiebel, den Knoblauch, die Karotte, den Sellerie, die Lorbeerblätter, den Ingwer und die Chilischote dazugeben und alles schön braun braten. Den Zimt und den Sternanis untermischen und alles mit Salz und schwarzem Pfeffer würzen. So viel Wasser angießen, dass das Fleisch gerade eben bedeckt ist. Die Mischung kurz aufkochen lassen, dann den Deckel auflegen, den Topf in den Backofen schieben und das Fleisch mindestens 3 Stunden schmoren, bis es fast zerfällt. Aus dem Backofen nehmen und beiseitestellen.

3. In einem großen Topf die Kokoscreme mit 3 EL von dem Fleischsaft erhitzen. Die Currypaste dazugeben und alles unter Rühren aufkochen lassen. Die Kartoffelstücke in die Sauce geben und etwa 10 Minuten weich garen lassen.

4. Das geschmorte Fleisch in 6 Stücke teilen und diese in das Curry geben, bevor die Kartoffeln ganz gar sind. Das Fleisch zerfällt beim Köcheln in der Sauce, so dass es nicht weiter zerkleinert werden muss. Weitere 3 EL von dem Fleischsaft einrühren.

5. Die Sauce abschmecken und bei Bedarf nachwürzen – das Curry sollte süß, sauer und salzig zugleich schmecken und die Röstaromen der Paste noch deutlich erkennen lassen.

6. Die Fischsauce sowie den Limettensaft einrühren, um den Geschmack abzurunden und die gerösteten Gewürze zu unterstreichen. Das Curry mit dem Koriandergrün bestreuen und servieren. Dazu passt am besten gedämpfter Reis.

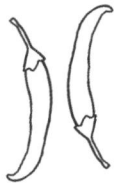

Gaeng-Gari-Curry
mit gebratenem Hühnerfleisch

Für 4-6 Portionen
●●●●–●●●●●

Vorbereitungszeit
10 Minuten

Garzeit
15 Minuten

Gaeng Gari ist ein köstliches traditionelles Currygericht, das seinen unverwechselbar erdigen Geschmack aus einer Grundlage gerösteter und gemahlener Gewürze bezieht. Dieses Rezept eignet sich auch hervorragend für ein vegetarisches Curry mit gebratenen Süßkartoffeln und Butternut-Kürbis.

Zutaten

250 g Hühnerfleisch, in mundgerechte Stücke geschnitten

Salz

Pflanzenöl

1 Rezeptmenge Gaeng-Gari-Currypaste (siehe Seite 226)

100 g Baby-Maiskölbchen

Saft von 2 Limetten

1 EL Tamarindenmark

2 EL helle Sojasauce

1 Stück frischer Ingwer (2 cm), geschält und in feine Stifte geschnitten

20 Blättchen frisches Thai-Basilikum, grob gehackt

3 Frühlingszwiebeln, in feine Ringe geschnitten

Gewürze

1 TL Koriandersamen

1 TL Kreuzkümmelsamen

frisch gemahlener schwarzer Pfeffer

1. Die Koriander- und die Kreuzkümmelsamen in einem Mörser grob zerstoßen. Die Fleischstücke mit Salz, schwarzem Pfeffer und den zerstoßenen Gewürzen würzen und mit etwas Öl beträufeln.

2. In einer Pfanne oder unter dem Backofengrill das Fleisch etwa 10 Minuten kräftig anbraten oder grillen.

3. In einem Topf bei mittlerer Temperatur die Currypaste erhitzen und die Maiskölbchen dazugeben. Den Limettensaft, das Tamarindenmark, die Sojasauce, den Ingwer sowie die Hälfte des Thai-Basilikums unterrühren.

4. Die Currymischung abschmecken und bei Bedarf nachwürzen – sie sollte scharf, sauer und salzig zugleich schmecken.

5. Das gebratene Hühnerfleisch in die Sauce geben und darin heiß werden lassen. Das Curry mit Frühlingszwiebeln und dem restlichen Thai-Basilikum bestreuen und servieren, zum Beispiel zusammen mit einem knackigen Salat, Reis- oder Gemüsegerichten.

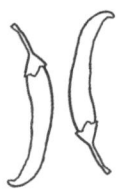

Tom Yam
Sauer-scharfe Suppe mit Huhn, gebratenen Schalotten und Thai-Basilikum

Für 4-6 Portionen
●●●●·●●●●●

Vorbereitungszeit
15 Minuten

Garzeit
35 Minuten

Die Feinabstimmung dieser leckeren Suppe können Sie jedem Ihrer Gäste selbst überlassen, wenn Sie Chilischoten, Kräuter, Limettenspalten sowie helle Sojasauce oder Fischsauce auf dem Tisch bereitstellen.

Zutaten
Pflanzenöl

2 Stängel Zitronengras, von harten Außenblättern befreit und gehackt

1 Stück frischer Ingwer (4 cm), geschält und fein gehackt

5 Knoblauchzehen, gehackt

2 frische rote Chilischoten, von Samen befreit und grob gehackt

4 Korianderwurzeln, grob gehackt

500 ml frische Hühnerbrühe (vom Metzger oder aus dem gut sortierten Supermarkt)

3 Kaffirlimettenblätter, von harten Stielen und Rippen befreit und gehackt

2 EL Tamarindenmark

4 EL Fischsauce

6 Schalotten, in feine Streifen geschnitten

2 TL geriebener Palmzucker

Saft von 3 Limetten

2 gegrillte Hähnchenbrustfilets, in Streifen geschnitten

2 Frühlingszwiebeln, in feine Ringe geschnitten

Blättchen von 3 Zweigen frischem Koriandergrün, grob gehackt

Blättchen von 2 Zweigen frischem Thai-Basilikum oder Basilikum, grob gehackt

Gewürze
frisch gemahlener schwarzer Pfeffer

Zum Servieren
Limettenspalten

1. In einem Topf mit schwerem Boden bei mittlerer Temperatur 1 EL Öl erhitzen und darin das Zitronengras, den Ingwer, den Knoblauch, die Chilischoten und die Korianderwurzeln 3 Minuten goldbraun anschwitzen. Die Brühe, die Kaffirlimettenblätter, das Tamarindenmark und 2 EL der Fischsauce einrühren und alles 20 Minuten köcheln lassen.

2. In der Zwischenzeit in einem zweiten Topf etwas Öl erhitzen und darin die Schalotten zusammen mit dem Palmzucker 10–12 Minuten braten und karamellisieren lassen.

3. Die Brühe durch ein Sieb abgießen und die Würzzutaten wegwerfen. Die Brühe zurück in den Topf gießen und aufkochen lassen. Den Limettensaft sowie die restliche Fischsauce einrühren. Die Suppe abschmecken und bei Bedarf nachwürzen – durch die Brühe und das kräftig angebratene Gemüse sollte sie eine süßliche Grundnote aufweisen.

4. Wenn die Suppe fertig ist, die Fleischstücke sowie die gebratenen Schalotten auf Portionsschüsseln verteilen. Mit den Frühlingszwiebeln, dem Koriandergrün und dem Thai-Basilikum bestreuen und dann mit der Suppe auffüllen. Jede Portion mit einem Spritzer Limettensaft beträufeln und servieren.

Currys & Suppen | 169

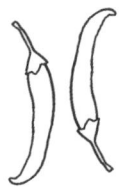

Entenfleischsuppe
mit Limette, Chilischoten & Basilikum

Eine ebenso köstliche wie schnell zubereitete Suppe mit viel Limettensaft, scharfen Chilischoten und würzigem Thai-Basilikum. Sie schmeckt wunderbar frisch und kann auch mit gebratenem Hühnerfleisch zubereitet werden.

Für 4-6 Portionen
●●●●–●●●●●●

Vorbereitungszeit
10 Minuten

Garzeit
7 Minuten

Zutaten

2 Knoblauchzehen, fein gehackt

2 kleine rote Vogelaugenchilischoten, mit dem Messerrücken leicht zerdrückt

1 TL geriebener Palmzucker

3 Stängel Zitronengras, mit dem Messerrücken leicht zerdrückt und in 4 Stücke geschnitten

1,5 l frische Hühnerbrühe (vom Metzger oder aus dem gut sortierten Supermarkt)

½ knusprig gebratene Ente (aus dem China-Restaurant) ohne Haut und Knochen, zerpflückt

2 EL Fischsauce

Saft von 3 Limetten

Salz

Blättchen von 4 Zweigen frischem Thai-Basilikum oder Basilikum

1. Den Knoblauch, die Chilischoten, den Palmzucker und die Zitronengrasstücke in einen Topf geben. Mit der Brühe aufgießen und alles zum Kochen bringen. Dann die Temperatur reduzieren und die Suppe 5 Minuten sanft köcheln lassen. Anschließend mit einem Schaumlöffel die Zitronengrasstücke aus der Brühe heben und wegwerfen.

2. Das Entenfleisch in die Suppe geben. Die Fischsauce und den Limettensaft einrühren und die Suppe abschmecken – bei Bedarf mit Salz nachwürzen. Mit Thai-Basilikumblättern bestreuen und servieren.

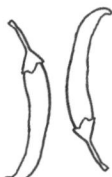

Tom Kha Gai
Hühnersuppe mit Kokosmilch

Für 4-6 Portionen
•••• •• •••

Vorbereitungszeit
10 Minuten

Garzeit
15 Minuten

Schon der Duft dieser Suppe lässt einem das Wasser im Munde zusammenlaufen. Sie ist schön mild und nicht zu würzig, aber dennoch voller wunderbarer Aromen – die ideale Ergänzung zu einem Essen aus schärferen Komponenten.

Zutaten

1 Stück Galgant oder frischer Ingwer (5 cm), geschält, mit dem Messerrücken leicht zerdrückt und in dicke Scheiben geschnitten

4 Stängel Zitronengras, mit dem Messerrücken leicht zerdrückt und in 4–5 Stücke geschnitten

1¼ l Kokosmilch

500 g Hähnchenbrustfilet, in 2 cm dicke Streifen geschnitten

125 ml Kokoscreme

3 EL Fischsauce

4 kleine Vogelaugenchilischoten, mit dem Messerrücken leicht zerdrückt

5 Kaffirlimettenblätter, von harten Stängeln und Rippen befreit und grob zerpflückt

Saft von 2 Limetten

Blättchen von 4 Zweigen frischem Koriandergrün, zerpflückt

1. Den Galgant und das Zitronengras in einen großen Topf geben und die Kokosmilch angießen. Die Mischung langsam und unter ständigem Rühren zum Kochen bringen, dann die Temperatur reduzieren und die Mischung etwa 5 Minuten sanft köcheln lassen. Das Fleisch hineingeben und etwa 5 Minuten in der Suppe garen.

2. Anschließend die Kokoscreme, die Fischsauce, die Chilischoten, die Kaffirlimettenblätter und den Limettensaft dazugeben und alles unter Rühren bis kurz unter den Siedepunkt erhitzen. Den Topf vom Herd nehmen. Die Suppe auf vorgewärmte Schüsseln verteilen und jede Portion mit Korianderblättchen bestreuen.

Currys & Suppen 173

Reis, Nudeln & Beilagen

Kapitel 6

Für 4 bis 6 Portionen

●●●○–●●●○○

Vorbereitungszeit
10 Minuten

Garzeit
8 Minuten

Zutaten

2 EL Pflanzenöl

100 g Seidentofu, in kleine Würfel geschnitten

2 Knoblauchzehen, fein gehackt

250 g Hähnchenbrustfilet, in feine Streifen geschnitten

200 g rohe Garnelen, geschält, geputzt und der Länge nach halbiert

1 Ei

175 g Sen-lek-Nudeln (siehe Seite 17), 20 Minuten in warmem Wasser eingeweicht und anschließend abgetropft

Saft von ½ Zitrone

2 EL Fischsauce

100 g Mungbohnensprossen

1 rote Chilischote, von Samen befreit und fein gehackt

4 Frühlingszwiebeln, fein gehackt

Blättchen von 3 Zweigen frischem Koriandergrün, zerpflückt

2 EL Erdnusskerne ohne Haut, geröstet und zerstoßen

Gewürze

¼ TL Chiliflocken

Zum Servieren

Zitronenspalten

Pad Thai
Gebratene Nudeln

Dieses Gericht ist eines der bekanntesten Beispiele für thailändisches Essen überhaupt – und zwar nicht nur in Thailand selbst, sondern auf der ganzen Welt – und ein guter Einstieg für alle, die mit der Thai-Küche noch nicht so vertraut sind.

1. In einem Wok das Öl bei mittlerer Temperatur erhitzen und darin den Tofu etwa 3 Minuten goldbraun braten. Den Knoblauch dazugeben und etwa 30 Sekunden mitgaren. Die Hähnchenbrust unterheben und 1 Minute unter Rühren anbraten. Die Garnelen hinzufügen und alles gründlich vermengen.

2. Das Ei in den Wok aufschlagen und einige Sekunden unter schnellem Rühren garen. Die eingeweichten und abgetropften Nudeln dazugeben und alles gut vermischen.

3. Den Zitronensaft, die Fischsauce und die Chiliflocken einrühren. Die Hälfte der Mungbohnensprossen, die Hälfte der Chilischote sowie die Hälfte der Frühlingszwiebeln unterheben. Alles unter Rühren etwa 3 Minuten braten, bis die Nudeln gar sind.

4. Die Nudeln auf einer Servierplatte anrichten und mit dem Rest der Chilischote, den restlichen Frühlingszwiebeln und Mungbohnensprossen, ein paar Korianderblättchen sowie den Erdnüssen bestreuen. Mit Zitronenspalten servieren.

Gebratener Reis
mit Garnelen, Tintenfisch & Krebsfleisch

Für 4 bis 6 Portionen

Vorbereitungszeit
10 Minuten

Garzeit
7–8 Minuten

Dies ist ein unwiderstehliches Thai-Reisgericht. Hier bereite ich es mit Garnelen, Tintenfisch und Krebsfleisch zu, aber jede andere Art von Fisch oder Krustentieren ist ebenso geeignet. Sie können auch die Schärfe des Gerichts variieren und es mit einer würzigen Dipsauce oder bestreut mit roten Chiliflocken servieren.

Zutaten
2 EL Pflanzenöl

1 Zwiebel, fein gehackt

3 Knoblauchzehen, fein gehackt

2 rote Chilischoten, von Samen befreit und fein gehackt

250 g rohe Garnelen, geschält, geputzt und der Länge nach halbiert

200 g Tintenfisch, ausgenommen, geputzt und auf der Innenseite rautenförmig eingeritzt (siehe Seite 116)

2 Eier, verquirlt

3 EL Fischsauce

250 g gegarter Jasminreis

200 g ausgelöstes gegartes Krebsfleisch (aus dem Fischgeschäft oder gut sortierten Supermarkt)

Saft von 2 Limetten

Blättchen von 3 Zweigen frischem Koriandergrün, grob gehackt

2 Frühlingszwiebeln, fein gehackt

Blättchen von 2 Zweigen frischem Basilikum, zerpflückt

Gewürze
frisch gemahlener schwarzer Pfeffer

Zum Servieren
Nahm-Jim-Sauce mit grünen Chilischoten (siehe Seite 237)

Gurkenscheiben (nach Belieben)

1. In einem Wok das Öl bei mittlerer Temperatur erhitzen und darin die Zwiebel 1–2 Minuten anschwitzen. Den Knoblauch und die Chilischoten dazugeben und alles etwa 1 Minute weitergaren, bis es aromatisch duftet.

2. Die Garnelen unterheben und unter schnellem Rühren etwa 1 Minute anbraten, dann den Tintenfisch hinzufügen und alles 1 weitere Minute unter Rühren erhitzen. Die verquirlten Eier an der Seitenwand in den Wok gießen, so dass ein zartes Omelett entsteht.

3. Die Fischsauce einrühren, dann den gegarten Reis und das Krebsfleisch dazugeben und alles unter Rühren etwa 3 Minuten erhitzen. Mit schwarzem Pfeffer und Limettensaft würzen.

4. Zum Schluss die Korianderblättchen, die Frühlingszwiebeln und die Basilikumblättchen unterheben und alles in einer großen Servierschale anrichten. Mit Nahm-Jim-Sauce mit grünem Chili und nach Belieben Gurkenscheiben servieren.

Pad Ki Mao
Würzige Rindfleischnudeln mit Kaffirlimettenblättern

Für 4 bis 6 Portionen
●●●●—●●●●●

Vorbereitungszeit
5 Minuten

Garzeit
3 Minuten

Für dieses Gericht eignet sich jede Fleischsorte. Auch der Schärfegrad kann ganz nach Geschmack angepasst werden. Nach dem Einweichen haben die Nudeln in etwa das Doppelte an Gewicht.

Zutaten
2 EL Pflanzenöl

2 Knoblauchzehen, fein gehackt

2 rote Chilischoten, von Samen befreit und fein gehackt

400 g Rumpsteak, in feine Streifen geschnitten

2 EL Fischsauce

½ TL geriebener Palmzucker

4 Kaffirlimettenblätter, von harten Stängeln und Rippen befreit und in feine Streifen geschnitten

Blättchen von 2 Zweigen frischem Thai-Basilikum oder Basilikum

125 g Sen-lek-Nudeln (siehe Seite 17), 20 Minuten in warmem Wasser eingeweicht und anschließend abgetropft

Gewürze
¼ TL Chiliflocken

½ TL Fünf-Gewürze-Pulver

Zum Servieren
Blättchen von 3 Zweigen frischem Koriandergrün, zerpflückt

Limettenspalten

1. In einem Wok bei mittlerer Temperatur das Öl erhitzen und darin den Knoblauch etwa 1 Minute goldbraun anschwitzen. Die Chilischoten dazugeben und unter Rühren etwa 10 Sekunden mitgaren, dann das Rindfleisch hinzufügen und etwa 20 Sekunden von allen Seiten scharf anbraten.

2. Unter ständigem Rühren die Fischsauce, den Palmzucker, die Kaffirlimettenblätter, die Hälfte der Thai-Basilikumblättchen sowie die Chiliflocken und das Fünf-Gewürze-Pulver einarbeiten.

3. Die eingeweichten und abgetropften Nudeln hinzufügen und unterheben. Unter Rühren etwa 1 Minute weich garen.

4. Die Nudeln auf einer Servierplatte anrichten. Mit den Koriander- und den restlichen Thai-Basilikumblättchen sowie Limettenspalten servieren.

Gebratene Nudeln nach Hakka-Art
mit Schweinefleisch & Thai-Basilikum

Diese Nudeln sind schnell gemacht und schmecken herrlich saftig. Das Thai-Basilikum verleiht ihnen ein wunderbares Aroma von Süßholz und Anis. Das Gericht kann mit jeder Kombination von Fleisch und Gemüse zubereitet werden.

Für 4 Portionen
••••

Vorbereitungszeit
10 Minuten

Garzeit
4 Minuten

Zutaten
- 2 EL Pflanzenöl
- 300 g Schweinefilet, in feine Streifen geschnitten
- 2 frische lange rote Chilischoten, von Samen befreit und fein gehackt
- 1 Stück frischer Ingwer (4 cm), geschält und gerieben
- 800 g frische Eiernudeln
- 250 ml frische Hühnerbrühe (vom Metzger oder aus dem gut sortierten Supermarkt)
- 3 EL helle Sojasauce
- 1½ EL dunkle Sojasauce
- ½ Bund Thai Soi (Schnittknoblauch), in 2 cm lange Stifte geschnitten (aus dem Asialaden, ersatzweise Schnittlauch)
- 200 g Mungbohnensprossen
- Blättchen von 3 Zweigen frischem Thai-Basilikum oder Basilikum

Gewürze
- ¼ TL frisch gemahlener weißer Pfeffer

Zum Servieren
- sauer-scharfe Chilisauce (siehe Seite 234)

1. In einem Wok bei mittlerer Temperatur das Öl erhitzen und darin das Schweinefleisch und die Chilischoten etwa 1 Minute unter Rühren anbraten. Den Ingwer, die Nudeln und nach und nach die Hälfte der Brühe einrühren. Die Temperatur reduzieren und die Mischung etwa 1 Minute zugedeckt köcheln lassen.

2. Anschließend beide Sorten Sojasauce dazugeben und alles unter Rühren etwa 1 Minute erhitzen. Falls die Nudeln am Wokboden ansetzen, zusätzlich etwas Brühe angießen.

3. Die Mischung mit weißem Pfeffer würzen. Den Schnittknoblauch und die Mungbohnensprossen unterheben. Die Nudelmischung abschmecken und bei Bedarf nachwürzen. Mit Thai-Basilikumblättchen bestreuen und mit der sauer-scharfen Chilisauce servieren.

· Sechsmal ·
Ingwer & Knoblauch

❶ Garnelensalat mit Ingwer & Minze

Zerreiben Sie 1 EL Ingwerschale in einem Mörser etwa 2 Minuten zu einem glatten Mus. Mit einem Löffel in ein Schüsselchen umfüllen.

Geben Sie 20 Minzeblättchen, ½ TL extrafeinen Zucker und ½ TL Salz in den Mörser. Alles zu einer glatten grünen Paste verarbeiten.

Mischen Sie den Saft von 2 Limetten und 2 gehackte rote Chilischoten unter die Paste.

Drücken Sie das Ingwermus in der Hand aus und lassen Sie den Saft zu der Paste in den Mörser laufen.

Verrühren Sie alles gründlich. 200 g gegarte Garnelen mit der Mischung beträufeln und mit den Blättchen von 3 Zweigen frischem Koriandergrün bestreuen.

❷ Gegrillter Fisch mit Knoblauch, weißem Pfeffer & Chilisauce

Zerreiben Sie in einem Mörser 2 Knoblauchzehen mit etwas Salz zu einer Paste.

Hacken Sie 3 von Samen befreite frische grüne Chilischoten und 2 Korianderwurzeln. Mit der Knoblauchpaste sowie dem Saft von 2 Zitronen und 2 EL Fischsauce verrühren.

Reiben Sie 4 Fischfilets (z. B. Sardinen oder rote Meeräsche) mit der Hälfte dieser Mischung ein. Den Backofen- oder Gartengrill vorheizen und den Fisch von beiden Seiten etwa 3 Minuten grillen.

Rühren Sie 1 TL geriebenen Palmzucker oder Rohrohrzucker sowie ½ TL zerstoßenen weißen Pfeffer in die restliche Sauce ein.

Beträufeln Sie den gegrillten Fisch mit der Sauce. Heiß servieren.

❸ Knackiger Gurken-Geflügel-Salat mit Ingwer

Verarbeiten Sie 1 Knoblauchzehe, 1 von Samen befreite und gehackte frische rote Chilischote, ½ TL Salz und ½ TL extrafeinen Zucker im Mörser zu einer glatten Paste. Den Saft von 1 Orange und 2 Limetten einrühren.

Schälen und reiben Sie 1 Stück frischen Ingwer (4 cm) und schneiden Sie 3 Frühlingszwiebeln in feine Ringe. 1 Gurke der Länge nach halbieren, von Samen befreien und in 4 cm lange Stifte schneiden.

Zerkleinern Sie das Fleisch von ½ gebratenen Hähnchen. In einer Schüssel mit der Gurke vermischen.

Schneiden Sie die Blättchen von 3 Zweigen frischem Koriandergrün in feine Streifen.

Geben Sie alle Zutaten zu dem Hühnerfleisch und der Gurke in die Schüssel. Alles mit dem Dressing beträufeln, sorgfältig vermengen und servieren.

❹ Pfeffrige Hähnchenspieße mit Chili-Knoblauch-Sauce

Schneiden Sie 300 g Hähnchenbrustfilet in 3 cm große Würfel. In eine Schüssel geben und mit 2 EL heller Sojasauce, ½ TL dunkler Sojasauce und 2 TL gemahlenem schwarzem Pfeffer vermengen.

Zerreiben Sie 2 Knoblauchzehen und 2 von Samen befreite, gehackte frische rote Chilischoten mit einer Prise Salz in einem Mörser zu einer glatten Paste. Die Blättchen von 4 Zweigen frischem Koriandergrün dazugeben und einarbeiten.

Heizen Sie den Backofengrill auf hohe Temperatur vor. Die Hähnchenwürfel auf Spieße stecken und von allen Seiten etwa 8 Minuten unter häufigem Wenden grillen.

Rühren Sie den Saft von 2 Limetten und 5 EL warmes Wasser in die Knoblauchpaste und servieren Sie die Hähnchenspieße zusammen mit dieser Sauce.

❺ Gegrillte Schweinekoteletts mit Knoblauch

Zerreiben Sie 2 Knoblauchzehen, 1 TL Koriandersamen, 1 TL Fenchelsamen, 4 Sternanis, 1 Prise Salz und 1 Prise Chiliflocken in einem Mörser.

Reiben Sie die Schweinekoteletts gründlich mit dieser Mischung ein.

Heizen Sie den Backofengrill auf hohe Temperatur vor. Die Koteletts von einer Seite etwa 6 Minuten grillen.

Wenden Sie die Koteletts und grillen Sie die Rückseite etwa 2 Minuten. Dann das Fleisch vom Grill nehmen und etwa 2 Minuten ruhen lassen.

Verrühren Sie für die Sauce 1 EL geriebenen frischen Ingwer, den Saft von 2 Limetten, ¼ TL zerstoßene weiße Pfefferkörner und 1 EL Fischsauce. Die Koteletts mit der Sauce beträufeln und servieren.

❻ Gegrilltes Rindfleisch mit Ingwer & Kokosnuss

Rösten Sie in einer Pfanne ohne Fett bei mittlerer Temperatur 50 g Kokoschips, 1 EL zerstoßene Koriandersamen, 1 Stück (4 cm) geschälten und geriebenen frischen Ingwer und 1 von Samen befreite und gehackte frische rote Chilischote langsam an, bis die Kokosnuss und der Koriander goldbraun sind und aromatisch duften.

Grillen Sie 400 g Rinderlende oder -hüfte medium. Dann ruhen lassen.

Heben Sie die Blättchen von 2 Zweigen frischem Koriandergrün und 3 Zweigen frischer Minze unter die Kokosmischung.

Schneiden Sie das Rindfleisch in feine Streifen. Auf einem Teller anrichten und mit dem Saft von 1 Limette und 1 EL Fischsauce beträufeln.

Bestreuen Sie das Fleisch mit der Kokosmischung und servieren Sie.

Geschmortes Hühnchen

mit Reis, Kurkuma & Gewürzen

Für 4 bis 6 Portionen
•••–••••

Vorbereitungszeit
15 Minuten

Garzeit
15–18 Minuten

Zutaten

2 EL Pflanzenöl

500 g Hähnchenschenkel ohne Haut und Knochen, in 3 cm große Würfel geschnitten

2 Knoblauchzehen, gehackt

2 frische rote Chilischoten, von Samen befreit und fein gehackt

3 Korianderwurzeln, gehackt

1 Stück frischer Ingwer (4 cm), geschält und gerieben

100 g Basmatireis

200 ml frische Hühnerbrühe (vom Metzger oder aus dem gut sortierten Supermarkt)

2 EL helle Sojasauce

3 Frühlingszwiebeln, fein gehackt

Saft von 2 Limetten

Blättchen von 2 Zweigen frischer Minze, zerpflückt

Blättchen von 3 Zweigen frischem Koriandergrün, zerpflückt

Gewürze

1 TL gemahlener Zimt

1 TL gemahlene Koriandersamen

1 TL gemahlene Kurkuma

½ TL gemahlener Kardamom

Dieses Gericht ist im Grunde genommen ein Pilaw, denn Fleisch und Reis werden zusammen gegart. Es ist sehr einfach zuzubereiten und eignet sich perfekt für ein Essen mit der ganzen Familie.

1. In einem Topf mit schwerem Boden bei mittlerer Temperatur das Öl erhitzen und darin das Hühnerfleisch 4–5 Minuten goldbraun anbraten. Den Knoblauch, die Chilischoten, die Korianderwurzeln und den Ingwer untermischen und etwa 1 Minute mitgaren, bis sie duften. Die trockenen Gewürze hinzufügen und etwa 1 Minute anrösten. Dabei darauf achten, dass sie nicht anbrennen.

2. Den Reis so unter die Mischung rühren, dass sich die Gewürze gleichmäßig im Reis verteilen. Die Hühnerbrühe und die Sojasauce dazugeben und alles zugedeckt 10–12 Minuten sanft köcheln lassen, bis der Reis die gesamte Flüssigkeit aufgenommen hat und gar ist.

3. Die Frühlingszwiebeln und den Limettensaft sowie die Koriander- und Minzeblättchen unterheben und servieren.

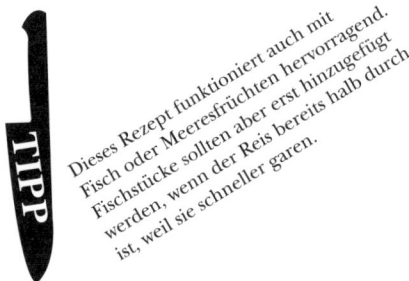

TIPP: Dieses Rezept funktioniert auch mit Fisch oder Meeresfrüchten hervorragend. Fischstücke sollten aber erst hinzugefügt werden, wenn der Reis bereits halb durch ist, weil sie schneller garen.

Thai-Bratreis

Für 4 bis 6 Portionen

Vorbereitungszeit
10 Minuten

Garzeit
10 Minuten

Dieser thailändische Alltagsklassiker eignet sich hervorragend zur Verwertung von Resten. Besonders gut schmeckt er zu Hühnchen-Saté, würzigem Schweinebraten, Garnelen, gegrilltem Fisch oder Gemüse.

Zutaten
2 EL Pflanzenöl

1 Zwiebel, fein gehackt

3 Knoblauchzehen, fein gehackt

2 frische rote Chilischoten, von Samen befreit und fein gehackt

2 Hähnchenbrustfilets, in 5 mm dünne Scheiben geschnitten

250 g rohe Garnelen, geschält, geputzt und der Länge nach halbiert

2 Eier, verquirlt

3 EL Fischsauce

800 g kalter gegarter Jasminreis

Saft von 2 Limetten

Blättchen von 3 Zweigen frischem Koriandergrün, grob gehackt

2 Frühlingszwiebeln, fein gehackt

Gewürze
frisch gemahlener schwarzer Pfeffer

1. In einem Wok bei mittlerer Temperatur das Öl erhitzen und darin die Zwiebel 1–2 Minuten weich schwitzen. Den Knoblauch und die Chilischoten untermischen und alles etwa 1 Minute weitergaren, bis es aromatisch duftet.

2. Das Hühnerfleisch dazugeben und unter Rühren braten, bis es die Farbe verändert, dann die rohen Garnelen hinzufügen und etwa 2 Minuten unter Rühren garen. Die verquirlten Eier so an der Seitenwand in den Wok gießen, dass ein zartes Omelett entsteht.

3. Die Fischsauce in die Fleischmischung einrühren, dann den Reis dazugeben und alles unter Rühren etwa 3 Minuten heiß werden lassen. Mit schwarzem Pfeffer und Limettensaft würzen.

4. Die Korianderblättchen und die Frühlingszwiebeln unterheben und den gebratenen Reis sofort in einer großen Schale servieren.

TIPP: Dazu schmecken Nahm-Jim-Sauce (siehe Seiten 236 und 237), sauer-scharfe Chilisauce (siehe Seite 234) oder Erdnusssauce (siehe Seite 242).

Geschmorte Austernpilze
mit Ingwer & Chilischoten

Für 4 Portionen
••••

Vorbereitungszeit
10 Minuten

Garzeit
8–10 Minuten

Die Kombination von Pilzen mit Ingwer schmeckt schlichtweg umwerfend und macht aus einem Stück gebratenem Fleisch wie der langsam gegarten Schweineschulter (siehe Seite 104) ein wahres Festessen. Auch mit einer Mischung aus verschiedenen Wild- und Zuchtpilzen gelingt dieses Rezept bestens.

Zutaten

3 Korianderwurzeln, fein gehackt

1 frische rote Chilischote, von Samen befreit und fein gehackt

2 Knoblauchzehen, fein gehackt

1 Stück frischer Ingwer (4 cm), geschält und gerieben

2 EL Pflanzenöl

400 g Austernpilze, grob zerpflückt

Salz

100 ml Reiswein

1 EL helle Sojasauce

100 g grüner Spargel, in 4 cm große Stücke geschnitten

Saft von 1 Limette

Blättchen von 2 Zweigen frischem Koriandergrün, grob gehackt

1 EL Sesamsamen, geröstet

Gewürze

½ TL gemahlener Zimt

½ TL Fünf-Gewürze-Pulver

½ TL gemahlene Koriandersamen

frisch gemahlener schwarzer Pfeffer

1. Die Korianderwurzeln, die Chilischote, den Knoblauch und den Ingwer in einer Schüssel vermischen.

2. In einem Topf mit schwerem Boden das Öl erhitzen und darin die Knoblauchmischung anschwitzen, bis sie aromatisch duftet.

3. Die Pilze zu der Mischung in den Topf geben und bei hoher Temperatur 3–4 Minuten braten, bis sie einen nussigen Duft verbreiten und schön bräunen.

4. Die Pilzmischung mit den Gewürzen bestreuen und großzügig mit Salz würzen. Den Reiswein, die Sojasauce und den Spargel einrühren und alles bei geschlossenem Deckel etwa 4 Minuten köcheln lassen, bis die gesamte Flüssigkeit eingekocht ist.

5. Zuletzt den Limettensaft, die Korianderblättchen und die Sesamsamen unterheben und servieren.

Spinat aus dem Wok
mit Knoblauch & schwarzem Pfeffer

Für 4 Portionen
••••

Vorbereitungszeit
5 Minuten

Garzeit
1 Minute

Wird Gemüse in einem Wok zubereitet, bekommt es einen einzigartig rauchigen Geschmack. Der als »Morning Glory« bekannte thailändische Wasserspinat hat dunkelgrüne, lanzettförmige Blätter und hohle Stängel und ist im Handumdrehen gar. Falls Sie keinen Wasserspinat bekommen, können Sie auch Baby-Spinat oder eine Kombination aus Blattspinat und anderem grünem Gemüse wie Mangold oder Spargelbrokkoli verwenden.

Zutaten
2 EL Pflanzenöl

3 kleine Knoblauchzehen, fein gehackt

1 frische rote Chilischote, von Samen befreit und fein gehackt

1 Stück frischer Ingwer (3 cm), geschält und gerieben

500 g roher Wasserspinat, Baby- oder Blattspinat, Mangold oder eine Mischung

Salz

2 EL Fischsauce

Saft von 1 Zitrone

Gewürze
frisch gemahlener schwarzer Pfeffer

1. In einem Wok bei mittlerer Temperatur das Öl erhitzen und darin unter Rühren den Knoblauch, die Chilischoten und den Ingwer etwa 30 Sekunden goldbraun anschwitzen.

2. Die Temperatur erhöhen. Den Spinat dazugeben und zügig mit der Würzmischung vermengen.

3. Alles mit Salz und reichlich schwarzem Pfeffer würzen. Die Fischsauce und den Zitronensaft einrühren, alles 30 Sekunden heiß werden lassen und dann sofort servieren. Als Beilage zu einem Essen mit Fleisch, Fisch oder Reis reichen.

Grünes Wok-Gemüse
mit Austernsauce

Für 4 Portionen

Vorbereitungszeit
5 Minuten

Garzeit
3 Minuten

Auf die hier beschriebene Weise wird jede Kombination von grünem Gemüse, zum Beispiel Spargelbrokkoli, grüne Bohnen oder grüner Spargel, blitzschnell zu einer köstlich exotischen Beilage.

Zutaten
2 EL Pflanzenöl

2 kleine Knoblauchzehen, fein gehackt

500 g gemischtes grünes Gemüse (z. B. Spargelbrokkoli, grüne Bohnen, grüner Spargel und Zuckerschoten), geputzt und in mundgerechte Stücke geschnitten

2 EL Austernsauce

Salz

Saft von 1 Zitrone

2 EL Sesamsamen, geröstet

Blättchen von 3 Zweigen frischem Koriandergrün

Gewürze
1 Prise Chiliflocken

frisch gemahlener schwarzer Pfeffer

1. In einem Wok bei mittlerer Temperatur das Öl erhitzen und darin den Knoblauch unter Rühren etwa 30 Sekunden goldbraun anschwitzen. Das Gemüse zusammen mit einem Schuss Wasser dazugeben und alles bei hoher Temperatur unter Rühren etwa 2 Minuten garen.

2. Die Austernsauce und die Chiliflocken in die Mischung einrühren und alles etwa 30 Sekunden unter Rühren heiß werden lassen. Mit Salz und viel schwarzem Pfeffer würzen. Den Zitronensaft einrühren, das Gemüse mit den Sesamsamen und den Korianderblättchen bestreuen und sofort servieren.

Desserts & Getränke

Kapitel 7

Würzig frittierte Bananen

Für 4 bis 6 Portionen
●●●–●●●●●

Vorbereitungszeit
10 Minuten

Garzeit
3 Minuten
(pro Portion)

Frittierte Bananen sind ein wunderbarer Snack, den man überall in Thailand an Straßenständen, hoch aufgetürmt in Tüten aus Zeitungspapier kaufen kann. Es gibt viele verschiedene Varianten, aber mir schmeckt diese würzige am besten.

Zutaten
75 g Weizenmehl
75 g Reismehl
1 Prise Salz
1 EL Sesamsamen
225 ml Kokosmilch
2 EL Honig
3 große unreife Bananen (die Schale sollte noch grünlich gefärbt sein)
leichtes Pflanzenöl

Gewürze
1 TL gemahlener Zimt
½ TL gemahlener Kardamom
¼ TL frisch geriebene Muskatnuss
¼ TL gemahlene Gewürznelken

1. In einer Schüssel beide Mehlsorten mit dem Salz, den gemahlenen Gewürzen und den Sesamsamen vermischen und alles mit der Kokosmilch zu einem glatten Teig verarbeiten. Den Honig einrühren und den Teig gründlich durchschlagen, bis er eine dickflüssige Konsistenz erreicht hat.

2. Die Bananen diagonal in drei bis vier längliche Scheiben schneiden, dann diese jeweils der Länge nach halbieren, so dass 1 cm dicke Streifen entstehen.

3. In einer tiefen Pfanne mit schwerem Boden reichlich Pflanzenöl auf 200 °C erhitzen. Wenn ein Brotwürfel darin innerhalb von 15 Sekunden knusprig bräunt, ist das Öl heiß genug.

4. Die Bananenstreifen durch den Teig ziehen und überschüssigen Teig abtropfen lassen. Die Bananen in kleinen Portionen je etwa 3 Minuten goldgelb frittieren, dann auf Küchenpapier abtropfen lassen und sofort servieren.

Zitrus-Kokos-Götterspeise

Für 8 Portionen
• • • • • • •

Vorbereitungszeit
10 Minuten

Garzeit
12 Minuten

Ruhezeit
40 Minuten

Zutaten

1 Packung junge Kokosnuss (TK, aus dem Asialaden)
15 g Agar-Agar-Pulver (ersatzweise Gelatine in Blatt- oder Pulverform)
1 Prise Salz
200 g extrafeiner Zucker
480 ml Kokoscreme
abgeriebene Schale von 1 unbehandelten Orange
abgeriebene Schale von 1 unbehandelten Zitrone

Zum Servieren

frische tropische Früchte (z. B. Mango, Papaya, Wassermelone oder Ananas)

Diese Götterspeise sieht einfach umwerfend aus, weil sie aus zwei Schichten besteht – einer mit Zitrusfruchtschalen aromatisierten transparenten und einer cremigen mit frischen Kokosraspeln. Junge Kokosnuss bekommen Sie tiefgekühlt in vielen gut sortierten Asialäden.

1. In einem kleinen Topf 700 ml Wasser mit 240 ml der Flüssigkeit aus der Kokosnusspackung vermischen. Das Agar-Agar-Pulver einrühren und alles etwa 10 Minuten köcheln lassen. Das Salz und den Zucker dazugeben und unter Rühren auflösen. Bei Verwendung von Gelatine den Packungsanweisungen für die entsprechende Flüssigkeitsmenge folgen.

2. Das junge Kokosnussfleisch raspeln. In einem zweiten Topf die Raspel mit der Kokoscreme vermischen. Die Hälfte der erhitzten Flüssigkeit einrühren und alles bei niedriger Temperatur etwa 2 Minuten heiß werden, aber nicht aufkochen lassen. Anschließend vom Herd nehmen und abkühlen lassen.

3. Die Orangen- und die Zitronenschale in die restliche köchelnde Flüssigkeit geben und diese dann abkühlen lassen. Während des Abkühlens wird die Orangenschale die Flüssigkeit färben, außerdem sollten sowohl die Zitrus- als auch die Kokosmischung dabei gelieren.

4. Acht saubere Förmchen, Gläser oder Schalen bis zur Hälfte mit der Kokosmischung füllen. Diese anschließend etwa 20 Minuten im Kühlschrank fest werden lassen.

5. Jede Portion mit der Zitrusmischung auffüllen und die Desserts nochmals 20 Minuten fest werden lassen. Mit frischen tropischen Früchten servieren.

TIPP Sie könnten die Götterspeise auch in Schnapsgläschen füllen und nach dem Festwerden stürzen oder in eine flache Form geben und vor dem Servieren in dekorative Vierecke oder Rauten schneiden.

Klebreis mit Mango

Dies ist eines der beliebtesten Thai-Desserts überhaupt. Das Salz in der Kokoscreme macht die Reismischung zum exotischen Geschmackserlebnis.

Für 6 Portionen
● ● ● ● ● ●

Vorbereitungszeit
5 Minuten

Garzeit
10 Minuten

Zutaten
250 ml Kokosmilch
1 EL Kristallzucker
½ TL Salz
275 g warmer gedämpfter Thai-Klebreis (siehe Seite 248)
4 reife Mangos
2 EL Kokoscreme

1. In einem Topf die Kokosmilch zusammen mit dem Zucker unter ständigem Rühren behutsam erhitzen, bis sich der Zucker vollständig aufgelöst hat. Dabei die Kokosmilch nicht aufkochen lassen.

2. Die Mischung vom Herd nehmen und das Salz sowie den warmen Klebreis sorgfältig unter die Kokosmilch rühren.

3. Die Mangos schälen und so entsteinen, dass je zwei möglichst große Stücke entstehen. Diese in je vier Streifen schneiden.

4. Den warmen Reis auf Portionsschalen verteilen und auf jeder Portion ein paar Mangostreifen platzieren. Mit Kokoscreme beträufeln und heiß, warm oder kalt servieren.

Desserts & Getränke

Mango-Ananas-Salat

Für 4 Portionen
••••

Vorbereitungszeit
10–15 Minuten

Dieser erfrischende Obstsalat ist besonders an heißen Tagen die perfekte Krönung jedes Essens. Damit er schön frisch schmeckt und Biss hat, kann er vor dem Servieren kurz gekühlt werden.

Zutaten

20 Blättchen frische Minze

1 TL extrafeiner Zucker

1 Stück frischer Ingwer (3 cm), geschält und grob zerkleinert

Saft von 1 Orange

2 reife Mangos, geschält, vom Stein befreit und in große Stücke geschnitten

½ Ananas, geschält, vom harten Mittelstrunk befreit und in mittelgroße Stücke geschnitten

Zum Servieren

Mango- oder ein anderes Fruchtsorbet nach Wahl

1. In einem Mörser die Minzeblättchen, den Zucker und den Ingwer zu einer Paste zerreiben. Den Orangensaft hinzufügen und alles zu einem glatten Dressing verarbeiten.

2. Die Früchte auf Portionsschälchen verteilen, mit dem Dressing beträufeln und alles behutsam vermengen. Sofort mit je einer Kugel Fruchtsorbet pro Portion servieren.

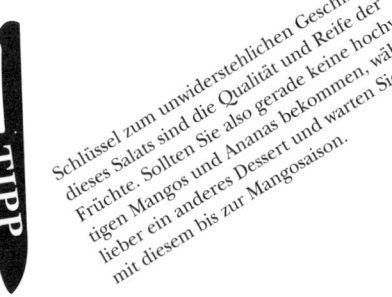

TIPP: Schlüssel zum unwiderstehlichen Geschmack dieses Salats sind die Qualität und Reife der Früchte. Sollten Sie also gerade keine hochwertigen Mangos und Ananas bekommen, wählen Sie lieber ein anderes Dessert und warten Sie mit diesem bis zur Mangosaison.

Ananas mit Chili-Karamell

In dieser überraschenden Geschmackskomposition bildet frische Ananas den säuerlichen Gegenpol zur vollen Süße des Karamells.

Für 4 bis 6 Portionen

Vorbereitungszeit
5 Minuten

Garzeit
10 Minuten

Zutaten

1 EL Pflanzenöl

2 frische rote Chilischoten, von Samen befreit und fein gehackt

1 Stück frischer Ingwer (4 cm), geschält und gerieben

3 lange Streifen unbehandelte Orangenschale

50 g Palmzucker, gerieben, oder Rohrohrzucker

1 EL Honig

1 EL Tamarindenmark

1 Prise Salz

Saft von 1 Limette

1 Ananas, geschält, halbiert, vom harten Mittelstrunk befreit und in 1 cm dicke Scheiben geschnitten

Gewürze

3 Kardamomkapseln, leicht zerstoßen

2 Zimtstangen, halbiert

3 Sternanis, in Stücke gebrochen

1. In einer Pfanne bei mittlerer Temperatur etwas Öl erhitzen und darin die Chilischoten, den Ingwer, alle Gewürze und die Orangenschalenstreifen etwa 2 Minuten anschwitzen, bis die Mischung zu duften beginnt. Dann den Palmzucker und den Honig untermischen und alles 3–4 Minuten erhitzen und karamellisieren lassen.

2. Das Tamarindenmark, das Salz und 4 EL Wasser in die Karamellmischung rühren und alles etwa 4 Minuten köcheln lassen, bis die Masse auf eine honigähnliche Konsistenz eingedickt ist.

3. Das Karamell vom Herd nehmen und den Limettensaft einrühren. Abschmecken und die Aromen bei Bedarf anpassen.

4. Die Ananas auf einer Servierplatte anrichten, mit der warmen Karamellsauce beträufeln und servieren.

Wassermelone
mit Limette, Salz & schwarzem Pfeffer

Für 4 bis 6 Portionen
●●●●–●●●●●

Vorbereitungszeit
10 Minuten

Kühlzeit
1 Stunde

Zutaten
1 kleine Wassermelone, geschält, von Kernen befreit (siehe unten) und in kleine Stücke geschnitten
Saft von 2 Limetten
Salz

Gewürze
frisch gemahlener schwarzer Pfeffer

Diese Kombination schmeckt auch als Erfrischungsgetränk unglaublich gut. Pressen Sie hierzu einfach die Wassermelone aus und rühren Sie die anderen Zutaten kurz vor dem Servieren in den Saft ein.

1. Die Wassermelonenstücke mindestens 1 Stunde im Kühlschrank kalt werden lassen.

2. Kurz vor dem Servieren die Wassermelonenstücke mit dem Limettensaft beträufeln und großzügig mit viel schwarzem Pfeffer und Salz würzen – Zurückhaltung ist hier fehl am Platz!

3. Alles vermischen und abschmecken – die Schärfe des Pfeffers, die Süße der Wassermelone sowie das Salz und die Säure des Limettensafts sollten deutlich nebeneinander zu schmecken sein. Bei Bedarf anpassen.

---

* So wird's gemacht *
EINE WASSERMELONE ENTKERNEN

- *Stiel- und Blütenansatz der Wassermelone mit einem scharfen Messer abschneiden und dann die Schale so von oben nach unten entfernen, dass nur das rote Fruchtfleisch zurückbleibt.*

- *Die Melone halbieren und die Hälften in Spalten schneiden. Von der Seite betrachtet bestehen die Melonenspalten aus drei Schichten. In dem Teil des Fruchtfleisch im Zentrum der Melone befinden sich keine Kerne. Zunächst diese Schicht mit einem scharfen Messer abtrennen und in mundgerechte Stücke schneiden.*

- *In der zweiten Schicht sitzen die Kerne. Nun diese Schicht mit einem scharfen Messer abschneiden. Dieser Teil kann zur Herstellung von Melonensaft verwendet werden. Hierzu die Melonenstücke mit den Kernen im Mixer pürieren und den Saft anschließend durch ein Sieb abgießen, um die Kerne herauszufiltern. Kalt stellen und als Erfrischungsgetränk servieren.*

- *Die verbleibende äußerste Schicht der Melone besteht ausschließlich aus samtigem, saftigem Fruchtfleisch und kann vollständig verzehrt werden.*

Honigkaramell-Kokos-Topping

Dieses köstlich exotische Topping macht aus schlichtem Vanilleeis einen tropischen Desserttraum. Auch Salat aus Südfrüchten, Pfannkuchen oder Haferbrei lassen sich dadurch verzaubern.

Für 4 bis 6 Portionen
●●●●—●●●●●

Vorbereitungszeit
10 Minuten

Garzeit
7 Minuten

Zutaten
200 g Kokosraspel
1 Stück frischer Ingwer (4 cm), geschält und gerieben
2 EL Honig
abgeriebene Schale und Saft von 1 unbehandelten Orange

Gewürze
1 TL gemahlener Zimt
½ TL frisch geriebene Muskatnuss

Zum Servieren
hochwertiges Vanilleeis

1. In einer Pfanne bei mittlerer Temperatur die Kokosraspel und den Ingwer etwa 3 Minuten trocken rösten, bis sie duften und goldgelb sind. Dabei die Pfanne immer wieder schwenken, damit die Kokosnuss nicht anbrennt.

2. Sobald die Kokosraspel zu bräunen beginnen, die Gewürze untermischen und alles 1 weitere Minute rösten, bis die Gewürze aromatisch duften.

3. In einem Topf bei mittlerer Temperatur den Honig zusammen mit 2 EL Wasser unter Rühren zum Kochen bringen. Die abgeriebene Orangenschale untermischen und alles etwa 3 Minuten köcheln lassen, bis der Honig karamellisiert. Das Karamell unter ständigem Rühren bräunen lassen, dann vom Herd nehmen und abkühlen sowie weiter nachdunkeln lassen.

4. Sobald das Karamell die Farbe von braunem Zucker sowie eine zähflüssige, klebrige Konsistenz erreicht hat, den Orangensaft einrühren, um den Karamellisierungsprozess zu beenden.

5. In einem Mörser die gewürzten Kokosraspel zerreiben.

6. Das Vanilleeis auf Portionsschälchen verteilen, mit dem Honig-Karamell beträufeln, mit dem Kokostopping bestreuen und servieren.

Bananen-Kokos-Pfannkuchen

Für 4 bis 6 Portionen
●●●●–●●●●●

Vorbereitungszeit
15 Minuten

Garzeit
2 Minuten
(pro Pfannkuchen)

Diese Pfannkuchen sind die perfekte Krönung eines köstlichen Essens mit Saté, Fischfrikadellen, Wok-Kreationen und überhaupt allen geschmacksintensiven und mit feurigen Chilischoten gewürzten Gerichten.

Zutaten
125 g Weizenmehl
125 g Reismehl
1 TL Backpulver
2 Eier, verquirlt
120 ml Kokosmilch
4 große reife Bananen
1 TL Rohrohrzucker
1 Prise Salz
75 g Kokosraspel
Pflanzenöl
Puderzucker
Saft von 1 Zitrone

Gewürze
1 TL gemahlener Zimt,
plus etwas zum Bestreuen

1. Beide Mehlsorten, das Backpulver und den Zimt in eine große Schüssel sieben. In die Mitte eine Mulde drücken und die verquirlten Eier sowie die Hälfte der Kokosmilch hineingeben. Alles gründlich zu einem glatten Teig verarbeiten, dann die restliche Kokosmilch unterrühren.

2. Die Bananen schälen, in einer Schüssel mit einer Gabel zerdrücken und dann sorgfältig mit dem Zucker und dem Salz vermischen. Die Mischung zusammen mit den Kokosraspeln in den Teig geben und alles gründlich verrühren.

3. Eine Pfanne bei mittlerer Temperatur erhitzen und mit etwas Öl bepinseln. Für jeden Pfannkuchen einen Schöpflöffel voll von der Teigmischung in die Pfanne geben und von jeder Seite etwa 1 Minute goldbraun braten. Die fertigen Pfannkuchen aus der Pfanne nehmen und warm stellen.

4. Auf ein Blatt Backpapier etwas Puderzucker verteilen. Die Pfannkuchen darauflegen, mit etwas Puderzucker und einer Prise gemahlenem Zimt bestauben und mit ein paar Tropfen Zitronensaft beträufeln. Zu Vierteln zusammenfalten und servieren.

Ananas-Limetten-Crush
mit Minze

Für 4 bis 6 Portionen
●●●●–●●●●

Vorbereitungszeit
5 Minuten

Als alkoholfreies Erfrischungsgetränk oder mit einem Schuss Wodka, Tequila oder Gin serviert, wird diese Mischung auch die anspruchsvollsten Gäste begeistern.

Zutaten
2 Limetten

½ Ananas, geschält, vom harten Mittelstrunk befreit und in Stücke geschnitten

Blättchen von 3 Zweigen frischer Minze

1 Stück frischer Ingwer (4 cm), geschält und gerieben

1 Prise Salz

1 Glas Eiswürfel

Gewürze
½ TL frisch gemahlener schwarzer Pfeffer

Zum Servieren
ein paar Blättchen frische Minze

1. Mit einem scharfen Messer die Limetten von Schale und weißer Innenhaut befreien. Das Fruchtfleisch in Stücke schneiden.

2. Das Limettenfruchtfleisch zusammen mit allen anderen Zutaten in der Küchenmaschine oder einem Standmixer zu einem groben Eis-Crush verarbeiten. Mit Minzeblättchen garnieren und servieren.

In Karamell gebackene Birnen
mit aromatischen Thai-Gewürzen

Für 4 bis 6 Portionen
••••–••••••

Vorbereitungszeit
5 Minuten

Garzeit
12 Minuten

Zutaten
1 Stück frischer Ingwer (4 cm), geschält und gerieben

Saft und abgeriebene Schale von 2 unbehandelten Orangen

1 EL geriebener Palmzucker

2 EL Honig

6 Birnen, vom Kerngehäuse befreit und geviertelt

20 g Butter, in kleine Stücke geschnitten

Gewürze
3 Kardamomkapseln, leicht zerstoßen

4 Stücke Sternanis

3 Zimtstangen

3 Lorbeerblätter

½ TL frisch geriebene Muskatnuss

½ TL Piment

¼ TL frisch gemahlener schwarzer Pfeffer

Exotisch gewürztes gebackenes Obst gibt ein perfektes Dessert ab. Obwohl herrlich üppig und raffiniert, ist es doch ganz einfach zu machen. Je nach Jahreszeit können Sie dieses Rezept mit fast jeder Art von Obst zubereiten – ob Äpfel, Birnen, Quitten, Pfirsiche, Nektarinen oder Pflaumen, alle schmecken ausgezeichnet!

1. Den Backofen auf 180 °C vorheizen.

2. In einer Schüssel alle Zutaten mit Ausnahme der Birnen und der Butter vermischen. Dann die Birnenviertel in die Würzmischung geben und so sorgfältig darin wenden, dass sie vollständig davon bedeckt sind.

3. Die Birnenstücke auf einem Backblech verteilen und mit den Butterstückchen bestreuen – aus der schmelzenden Butter entsteht zusammen mit dem Honig in der Würzmischung ein würziges Karamell.

4. Die Birnen etwa 12 Minuten backen, bis sie schön goldbraun karamellisiert sind. Dabei das Obst immer wieder mit der Karamellsauce bestreichen.

Desserts & Getränke 219

Grundrezepte

Kapitel 8

Currypasten

Die Thai-Küche arbeitet mit einer Unmenge von verschiedenen Currypasten, deren Zutaten, Mengen und Aromen sich von Region zu Region unterscheiden. Da trotzdem alle mehr oder weniger nach der gleichen Methode zubereitet werden, folgt hier eine Auswahl der beliebtesten Pasten für Ihr Repertoire.

Rote Currypaste

Diese klassische rote Currypaste kann vielen verschiedenen Currygerichten als Basis dienen, mit Fisch oder Garnelen bis hin zu gebratener Ente.

Für 6 Portionen
•••••

Vorbereitungszeit
15 Minuten

Garzeit
40 Minuten

Zutaten

5 frische rote Chilischoten, von Samen befreit und fein gehackt

2 Stängel Zitronengras, von harten Außenblättern befreit und gehackt

1 Stück frischer Ingwer (4 cm), geschält und fein gehackt

4 Knoblauchzehen

6 Korianderwurzeln, gehackt

3 rote Zwiebeln, grob gehackt

1 rote Paprikaschote, in kleine Stücke geschnitten

2 EL Pflanzenöl

1 TL Garnelenpaste (siehe Seite 18)

1 TL Salz

4 Kaffirlimettenblätter, von harten Stängeln und Rippen befreit und fein gehackt

660 ml Kokoscreme

2 EL Fischsauce

Saft von 2 Limetten

Gewürze

½ TL frisch gemahlener weißer Pfeffer

2 TL gemahlene Kurkuma

1. Den Backofen auf 200 °C vorheizen.

2. In einer Schüssel die Chilischoten, das Zitronengras, den Ingwer, die Knoblauchzehen, die Korianderwurzeln, die Zwiebeln und die Paprikaschote mit 1 EL von dem Pflanzenöl vermischen. Ein Backblech mit Backpapier auslegen und die Gemüsemischung gleichmäßig darauf verteilen.

3. Die Garnelenpaste in eine Ecke des Backblechs geben – im Rohzustand hat sie einen eher unangenehmen Geruch, der durch das Rösten jedoch nussig und würzig wird. Das Backblech in den Ofen schieben und alles etwa 8 Minuten goldbraun und aromatisch duftend rösten.

4. Das Backblech aus dem Ofen nehmen und die gerösteten Zutaten in der Küchenmaschine oder einem Standmixer zusammen mit dem Salz und dem weißem Pfeffer zu einer glatten Masse verarbeiten. Dabei mit den faserigsten und härtesten Zutaten beginnen, also zunächst das Zitronengras, den Ingwer und die Korianderwurzeln zerkleinern, erst dann die restlichen gerösteten Zutaten hinzufügen. 100 ml Wasser zugeben, um die Paste ein wenig zu verdünnen.

5. In einem Topf mit schwerem Boden bei hoher Temperatur das restliche Öl erhitzen und darin die Gemüsemasse etwa 20 Minuten köcheln lassen. Dabei regelmäßig rühren, damit sie nicht am Topfboden ansetzt. Die Kurkuma und die Kaffirlimettenblätter dazugeben und alles weitere 20 Minuten garen, bis die Paste aromatisch zu duften beginnt. Die Kokoscreme untermischen und alles um die Hälfte eindicken lassen. Zuletzt die Fischsauce und den Limettensaft einrühren.

6. Die Paste in drei Portionen aufteilen. Portionsweise zusammen mit Fleisch, Fisch oder Gemüse zu einem köstlichen Curry verarbeiten (siehe zum Beispiel Seite 156) oder zu einer späteren Verwendung einfrieren.

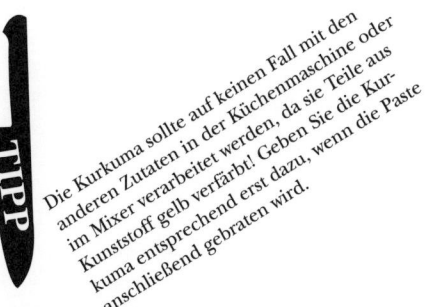

TIPP: Die Kurkuma sollte auf keinen Fall mit den anderen Zutaten in der Küchenmaschine oder im Mixer verarbeitet werden, da sie Teile aus Kunststoff gelb verfärbt! Geben Sie die Kurkuma entsprechend erst dazu, wenn die Paste anschließend gebraten wird.

Grundrezepte

Für 6 Portionen

Vorbereitungszeit
15 Minuten

Garzeit
35 Minuten

Da die Herstellung der Paste bei der Zubereitung eines Currys erfahrungsgemäß die meiste Zeit in Anspruch nimmt, sollte man immer gleich eine größere Menge der aromatischen Würzmischungen herstellen und diese dann in kleinen Portionen bis zur Verarbeitung im Kühlschrank oder Tiefkühlfach lagern.

Grüne Currypaste

Zutaten

1 Stück frischer Ingwer (4 cm), geschält und fein gehackt
4 Knoblauchzehen, gehackt
4 Stängel Zitronengras, von harten Außenblättern befreit und gehackt
6 Korianderwurzeln, gehackt
1 TL Salz
2 rote Zwiebeln
5 grüne Chilischoten, von Samen befreit und fein gehackt
1 EL Pflanzenöl
3 Kaffirlimettenblätter, von harten Stängeln und Rippen befreit
400 ml Kokoscreme
Saft von 1 Limette
1 EL Fischsauce

Gewürze

1 TL gemahlene Kurkuma

1. Den Ingwer, den Knoblauch, das Zitronengras und die Korianderwurzeln in der Küchenmaschine oder einem Standmixer pürieren. Das Salz dazugeben, um die Fasern aufzubrechen.

2. Die Zwiebeln und die Chilischoten sowie einen Schuss Wasser zu der Ingwermischung geben und alles zu einer groben Masse verarbeiten. In diesem Zustand hält sich die Paste in einer Frischhaltebox im Kühlschrank 3–4 Tage.

3. In einem Topf mit schwerem Boden das Öl erhitzen und darin die Paste zusammen mit der gemahlenen Kurkuma und den Kaffirlimettenblättern bei mittlerer Temperatur etwa 20 Minuten duftend braten. Gelegentlich umrühren, damit die Paste nicht ansetzt.

4. Die Kokoscreme einrühren und alles etwa 10 Minuten köcheln und um ein Drittel eindicken lassen.

5. Den Limettensaft und die Fischsauce untermischen. In diesem Stadium kann die Paste bis zu 1 Woche im Kühlschrank gelagert oder portionsweise eingefroren werden.

6. Die Paste in drei Portionen aufteilen. Portionsweise zusammen mit Fleisch, Fisch oder Gemüse zu einem köstlichen Curry verarbeiten (siehe zum Beispiel Seite 154) oder zu einer späteren Verwendung einfrieren.

Grundrezepte

Grundlage einer Gaeng-Gari-Paste sind Gewürze wie Zimt, Kreuzkümmel und Koriandersamen, die aromatisch duftend angeröstet und erst dann mit den übrigen Zutaten vermischt werden. Auf diese Weise erhält die Würzmasse ihr herrlich intensives Aroma. Sie kann sowohl für Gemüse- als auch für Fleischcurrys verwendet werden.

Für 4 bis 6 Portionen

•••• ••••••

Vorbereitungszeit
10 Minuten

Garzeit
35–40 Minuten

Gaeng-Gari-Currypaste

Zutaten

1 Stück frischer Ingwer (3 cm), geschält
4 frische rote Chilischoten, von Samen befreit
3 Stängel Zitronengras, von harten Außenblättern befreit und gehackt
6 Knoblauchzehen
1 TL Salz
3 rote Zwiebeln, gehackt
1 EL Pflanzenöl
660 ml Kokoscreme
Saft von 2 Limetten
1 EL Tamarindenmark
2 EL helle Sojasauce

Gewürze

1 TL gemahlener Kreuzkümmel
1 TL gemahlene Koriandersamen
1 TL gemahlener Zimt
1 TL frisch geriebene Muskatnuss
1 TL gemahlene Kurkuma

1. Den Ingwer, die Chilischoten, das Zitronengras, den Knoblauch und das Salz in der Küchenmaschine oder einem Standmixer zerkleinern. Die Zwiebeln dazugeben und alles weiter pürieren. Etwas Wasser angießen und das Ganze zu einer glatten Paste verarbeiten.

2. In einem Topf mit schwerem Boden das Öl erhitzen und darin die gemahlenen Gewürze etwa 2 Minuten duftend anschwitzen. Die Würzpaste untermischen, dann die Temperatur reduzieren und alles unter häufigem Rühren 25–30 Minuten sanft köcheln lassen.

3. Die Kokoscreme unterrühren und alles weitere 5 Minuten köcheln und etwa um die Hälfte eindicken lassen. Diese Pastenbasis hält sich im Kühlschrank etwa 1 Woche, tiefgefroren bis zu 3 Monate.

4. Den Limettensaft, das Tamarindenmark und die Sojasauce einrühren, dann die Paste abschmecken und bei Bedarf nachwürzen.

5. Die Paste in drei Portionen aufteilen. Portionsweise zusammen mit Fleisch, Fisch oder Gemüse zu einem köstlichen Curry verarbeiten (siehe zum Beispiel Seite 166) oder zu einer späteren Verwendung einfrieren.

Sauer-scharfe Currypaste

Zutaten

4 Stängel Zitronengras, von harten Außenblättern befreit und fein gehackt

6 Korianderwurzeln, fein gehackt

1 Stück frischer Ingwer (4 cm), geschält und fein gehackt

5 frische rote Chilischoten, von Samen befreit und fein gehackt

4 Knoblauchzehen

1 TL Salz

2 rote Zwiebeln, grob gehackt

1 rote Paprikaschote, grob gehackt

1 EL Pflanzenöl

4 Kaffirlimettenblätter, von harten Stängeln und Rippen befreit

660 ml Kokoscreme

Saft von 3 Limetten

3 EL Tamarindenmark

2 EL Fischsauce

Gewürze

2 TL gemahlene Kurkuma

1. Das Zitronengras, die Korianderwurzeln, den Ingwer, die Chilischoten, den Knoblauch und das Salz in der Küchenmaschine oder einem Standmixer zerkleinern, dann die Zwiebeln und die Paprikaschote dazugeben und alles zusammen mit etwas Wasser zu einer glatten Paste verarbeiten.

2. In einem Topf mit schwerem Boden bei mittlerer Temperatur das Öl erhitzen und darin unter regelmäßigem Rühren die Würzmasse 20–30 Minuten garen. Das Kurkumapulver und die Kaffirlimettenblätter untermischen und alles weitere 30 Minuten köcheln lassen, bis die Paste aromatisch duftet.

3. Die Kokoscreme in die Paste einrühren und alles etwa 5 Minuten sanft köcheln und um die Hälfte eindicken lassen. Den Limettensaft, das Tamarindenmark und die Fischsauce untermischen, dann die Masse abschmecken und bei Bedarf nachwürzen.

4. Die Paste in drei Portionen aufteilen. Portionsweise zusammen mit Fleisch, Fisch oder Gemüse zu einem köstlichen Curry verarbeiten (siehe zum Beispiel Seite 160) oder zu einer späteren Verwendung einfrieren.

Für das leuchtende Orangegelb dieser fantastischen, häufig für Fischcurrys verwendeten Currypaste aus der Palastküche Thailands sorgt die gemahlene Kurkuma.

Für 4 bis 6 Portionen
•• •• — •• •• •• •

Vorbereitungszeit
10 Minuten

Garzeit
1 Stunde

Massaman-Currypaste mit gerösteten Erdnüssen

Ein Massaman-Curry ist ein unwiderstehlich aromatisches, wunderbar duftendes Curry, das an die Currygerichte Indiens erinnert. Das Grundrezept kam mit muslimischen und arabischen Händlern aus Persien nach Thailand.

Für 8 Portionen

Vorbereitungszeit
20 Minuten

Einweichzeit
30 Minuten

Garzeit
30 Minuten

Zutaten

3 getrocknete lange rote Chilischoten
100 g Erdnusskerne ohne Haut
Pflanzenöl
2 rote Zwiebeln, grob gehackt
6 Knoblauchzehen, grob gehackt
1 Stück frischer Ingwer (5 cm) oder Galgant, geschält und grob gehackt
4 Korianderwurzeln, gehackt
3 Stängel Zitronengras, von harten Außenblättern befreit und grob gehackt
Salz
1–2 EL geriebener Palmzucker
2 EL Fischsauce
2 EL Tamarindenmark
100 ml Ananassaft

Gewürze

2 TL Koriandersamen
1 TL Kreuzkümmelsamen
4 Gewürznelken
½ TL frisch geriebene Muskatnuss
1 Stück Zimtstange (2 cm)
4 grüne Kardamomkapseln
3 Lorbeerblätter

1. Die getrockneten Chilischoten in einer Schüssel mit kochendem Wasser etwa 30 Minuten einweichen. Anschließend von Samen befreien und klein schneiden.

2. In einer Pfanne die Erdnüsse ohne Öl goldgelb rösten. In einer anderen trockenen Pfanne alle Gewürze 3–4 Minuten rösten, bis sie aromatisch duften. Anschließend im Mörser oder in einer Gewürzmühle zu einem mittelfeinen Pulver zermahlen. Dieses durchsieben, um eventuelle Schalenreste oder holzige Stückchen zu entfernen.

3. In einem Wok bei hoher Temperatur 1 EL Öl erhitzen und darin die Chilischoten, die Zwiebeln, den Knoblauch, den Ingwer, die Korianderwurzeln und das Zitronengras etwa 10 Minuten duftig anschwitzen. Sollten sie ansetzen, etwas Wasser zugeben.

4. Diese Mischung in der Küchenmaschine oder einem Standmixer mit dem Salz, den gemahlenen Gewürzen und den Erdnüssen zu einer glatten Paste verarbeiten.

5. In einem Topf mit schwerem Boden bei hoher Temperatur etwas Öl erhitzen und darin die Paste etwa 10 Minuten köcheln lassen. Dabei regelmäßig umrühren, damit sie nicht ansetzt. Bei Bedarf einen Schuss Wasser zugeben, um sie zu lösen.

6. Sobald die getrockneten Gewürze merklich duften, den Palmzucker einrühren und die Mischung etwa 5 Minuten karamellisieren lassen.

7. Anschließend die Fischsauce, das Tamarindenmark sowie den Ananassaft unterziehen und alles weitere 5 Minuten köcheln und eindicken lassen. Abschmecken und bei Bedarf nachwürzen.

8. Die Paste in drei Portionen aufteilen. Portionsweise zusammen mit Fleisch, Fisch oder Gemüse zu einem köstlichen Curry verarbeiten (siehe zum Beispiel Seite 162) oder zu einer späteren Verwendung einfrieren.

TIPP Besonders gut eignet sich diese Paste für Lamm-, Rindfleisch- oder Hähnchencurrys. Tiefgekühlt hält sie sich bis zu 3 Monate.

Würzmarinade
für Ente oder Hühnchen

Für 4 bis 6 Portionen
••••–••••••

Vorbereitungszeit
5 Minuten

Marinierzeit
1 Stunde

Diese Marinade eignet sich sowohl zum Würzen einer langsam gegarten ganzen Ente (etwa eine Peking-Ente) oder eines Brathähnchens als auch für gegrillte Enten- oder Hähnchenbrust.

Zutaten
2 Knoblauchzehen, fein gehackt
1 Stück frischer Ingwer (4 cm), geschält und gerieben
4 Korianderwurzeln, fein gehackt
Saft von 1 Orange
1 EL Fischsauce
1 TL geriebener Palmzucker
1 TL frisch gemahlener schwarzer Pfeffer

Gewürze
1 TL gemahlene Koriandersamen
1 TL gemahlener Kreuzkümmel
1 TL gemahlener Kardamom

1. In einer Schüssel alle Zutaten gründlich zu einer Marinade verrühren.

2. Geflügelfleisch nach Wahl (z. B. eine ganze Ente, ein ganzes Hühnchen, Enten- oder Hähnchenbrustfilets) in ein geeignetes Gefäß geben, mit der Marinade übergießen und vor dem Garen etwa 1 Stunde ziehen lassen.

Grundrezepte 231

Saucen

Es sind die Saucen, die den einzelnen Gerichten der Thai-Küche ihre ganz spezielle Note verleihen und jedes Essen zu einem wahren Feuerwerk der Aromen werden lassen. Da auch hier ein ausgewogener Geschmack von größter Bedeutung ist, sollte man auch die Saucen unbedingt vor dem Servieren probieren.

Roter Chili-Essig

Für 4 bis 6 Portionen
•• ••—•• •••

Vorbereitungszeit
5 Minuten

Diese Thai-Sauce birgt Suchtgefahr. Sie schmeckt hervorragend zu gegrilltem oder gebratenem Fleisch, besonders zu pikanten Steaks wie dem würzigen Flanksteak (siehe Seite 94).

Zutaten

2 frische lange rote Chilischoten, von Samen befreit und fein gehackt
1 Stück frischer Ingwer (4 cm), geschält und gerieben
1 Knoblauchzehe, fein gehackt
¼ TL Salz
¼ TL extrafeiner Zucker
2 EL Reisessig
Saft von 1 Limette

1. Die Chilischoten, den Ingwer und den Knoblauch zusammen mit dem Salz und dem Zucker in einem Mörser zu einer groben Paste verarbeiten.

2. Den Essig und den Limettensaft einrühren. Die Sauce mit 3 EL Wasser verdünnen. Abschmecken und bei Bedarf mit etwas zusätzlichem Zucker süßen. Sie hält sich im Kühlschrank bis zu 1 Woche.

Sang-Wa-Sauce

Für 4 bis 6 Portionen
•• ••—•• •• •

Vorbereitungszeit
10 Minuten

Marinierzeit
5 Minuten

Sang-Wa-Sauce wird vor allem zum Marinieren von Fisch und Krustentieren verwendet. Dünne Fischfilets (siehe unten) lassen sich damit in nur 4 Minuten in ein großartiges Geschmackserlebnis verwandeln.

Zutaten

1 Knoblauchzehe

1½ frische rote Chilischoten, von Samen befreit und fein gehackt

½ TL Salz

½ TL extrafeiner Zucker

3 EL Orangensaft

3 EL Limettensaft

1 Stück frischer Ingwer (4 cm), geschält und gerieben

1 Stängel Zitronengras, von harten Außenblättern befreit und in feine Ringe geschnitten

2 Frühlingszwiebeln, in feine Ringe geschnitten

3 Kaffirlimettenblätter, von harten Stängeln und Rippen befreit und in feine Streifen geschnitten

Blättchen von 3 Zweigen frischem Koriandergrün, in feine Streifen geschnitten

1. Den Knoblauch und die Hälfte der Chilischoten zusammen mit dem Salz und dem Zucker in einem Mörser zu einer groben Paste zerreiben. Den Orangen- und den Limettensaft einarbeiten.

2. Die restlichen Zutaten in eine Schüssel geben und mit der Sauce übergießen. Vor der Verwendung 5 Minuten im Kühlschrank ziehen lassen. Gekühlt hält sich die Sauce 2–3 Tage.

Variation:

Besonders gut eignet sich diese Sauce zum Beizen von Fisch. Schneiden Sie 400 g Fischfilet in feine Scheiben und legen Sie diese in eine flache Schale. Beträufeln Sie den Fisch mit der Sauce und lassen Sie ihn 4–5 Minuten ziehen. Die Säure würzt den Fisch nicht nur, sondern gart ihn regelrecht.

Grundrezepte

Sauer-scharfe Chilisauce

Für 4 bis 6 Portionen
•• •• –•• •• •

Vorbereitungszeit
5 Minuten

Garzeit
2 Minuten

Dieser Klassiker unter den Thai-Saucen schmeckt zu gegrillten Garnelen, Hühnchenfleisch oder Austern, aber auch als Salatdressing – also eigentlich zu fast allem.

Zutaten

2 TL Reisessig
1 TL extrafeiner Zucker
1 Knoblauchzehe, fein gehackt
1 Stück frischer Ingwer (2 cm), geschält und fein gehackt
2 frische lange rote Chilischoten, von Samen befreit und fein gehackt
Saft von 2 Limetten
2 EL Fischsauce

1. In einem Topf 75 ml Wasser zusammen mit dem Essig und dem Zucker zum Kochen bringen und dann etwa 1 Minute köcheln lassen, bis sich der Zucker aufgelöst hat. Abkühlen lassen.

2. Den Knoblauch, den Ingwer und die Chilischoten in die Essigmischung rühren, dann den Limettensaft und die Fischsauce untermischen. Abschmecken und bei Bedarf nachwürzen.

3. Im Kühlschrank hält sich die Sauce 2–3 Tage.

Karamellige Chili-Tamarinden-Sauce

Für 4 Portionen
● ● ● ●

Vorbereitungszeit
10 Minuten

Diese wunderbare Sauce vereint alle Köstlichkeit der Thai-Küche in sich. Sie schmeckt ausgezeichnet zu gegrilltem Fisch, Garnelen, Hühnchenspießen und sogar als Salatdressing.

Zutaten

1 EL Pflanzenöl
1 Stück frischer Ingwer (4 cm), geschält und gerieben
2 frische rote Chilischoten, von Samen befreit und fein gehackt
1 Knoblauchzehe, fein gehackt
50 g Palmzucker, gerieben, oder Rohrohrzucker
1 EL Honig
50 g Tamarindenmark
2 EL Fischsauce
Saft von 2 Limetten

1. In einem Topf bei mittlerer Temperatur das Öl erhitzen und darin den Ingwer, die Chilischoten und den Knoblauch etwa 2 Minuten anschwitzen, bis sie aromatisch duften. Den Palmzucker und den Honig untermischen und alles 3–4 Minuten karamellisieren lassen.

2. Sobald sich die Mischung goldbraun färbt, das Tamarindenmark, die Fischsauce und 4 EL Wasser einrühren und alles etwa 5 Minuten köcheln lassen, bis die Konsistenz an eine Karamellsauce erinnert.

3. Die Sauce vom Herd nehmen und den Limettensaft einarbeiten. Die Mischung abschmecken und bei Bedarf nachwürzen – Chilischoten und Ingwer sorgen für Schärfe, Palmzucker und Honig für die süße Note, Tamarindenmark und Limettensaft für den säuerlichen und die Fischsauce für den salzigen Geschmack.

4. Im Kühlschrank hält sich die ungewöhnliche Sauce etwa 1 Woche.

Nahm-Jim-Sauce mit roten Chilischoten

Für 4 bis 6 Portionen
•• •• — •• •• ••

Vorbereitungszeit
10 Minuten

Zutaten
2 Knoblauchzehen
3 rote Chilischoten, von Samen befreit und fein gehackt
3 Korianderwurzeln, gehackt
½ TL Salz
1 TL Palmzucker, gerieben
Saft von 3 Limetten
3 EL Fischsauce

1. In einem Mörser den Knoblauch, die Chilischoten und die Korianderwurzeln zusammen mit dem Salz und dem Zucker zu einer groben Paste zerreiben. Dann den Limettensaft und die Fischsauce einarbeiten.

2. Die Sauce abschmecken und bei Bedarf nachwürzen – Chilischoten sorgen hier für Schärfe, Zucker für den süßen und die Fischsauce für den salzigen Geschmack.

3. Diese Sauce hält sich im Kühlschrank 4–6 Tage.

Nahm-Jim-Sauce mit grünen Chilischoten

Für 4 bis 6 Portionen
•• ••–•• •• •

Vorbereitungszeit
10 Minuten

Zutaten
2 Knoblauchzehen
3 Korianderwurzeln, gehackt
4 frische lange grüne Chilischoten, von Samen befreit und fein gehackt
1 TL Salz
1 TL extrafeiner Zucker
Blättchen von 3 Zweigen frischem Koriandergrün
Saft von 3 Limetten
2 EL Fischsauce

1. In einem Mörser den Knoblauch und die Korianderwurzeln zu einer groben Paste zerreiben. Die grünen Chilischoten, das Salz und den Zucker untermischen. Dann die Korianderblättchen hinzufügen und alles zu einer leuchtend grünen Paste verarbeiten.

2. Den Limettensaft und die Fischsauce in die Paste einrühren und diese mit 50 ml Wasser verdünnen.

3. Im Kühlschrank hält sich die sauer-scharfe Sauce 4–5 Tage.

TIPP Servieren Sie gegrilltes oder würzig gebratenes Fleisch mit dieser wunderbaren Sauce beträufelt oder reichen Sie sie separat als Dip dazu.

Grundrezepte

Chilisaucen

Beim Verzehr von scharfen Chilischoten setzt der Körper Endorphine frei. Das kann sogar süchtig machen, denn je mehr man davon isst, desto besser fühlt man sich und desto größer wird das Verlangen nach mehr. Eine gute Sweet-Chili-Sauce hingegen sollte nur aufgrund ihres perfekt ausgewogenen Geschmacks zu Suchtverhalten reizen – sie sollte scharf, süßlich, salzig und säuerlich zugleich sein.

Sweet-Chili-Sauce

Für 4 bis 6 Portionen

● ● ● – ● ● ● ● ●

Vorbereitungszeit
10 Minuten

Garzeit
12 Minuten

Zutaten

200 g frische rote Chilischoten, von Samen befreit
1 Stück frischer Ingwer (4 cm), geschält und gerieben
4 Knoblauchzehen
200 g extrafeiner Zucker
1 EL Salz
100 ml Reisessig

1. Die Chilischoten, den Ingwer und den Knoblauch in der Küchenmaschine oder einem Standmixer zu einer groben Masse verarbeiten.

2. In einem großen Topf mit schwerem Boden den Zucker, das Salz und den Essig mit 100 ml Wasser verrühren und alles zum Kochen bringen. Die Würzmasse untermischen und das Ganze etwa 10 Minuten köcheln lassen.

3. Vom Herd nehmen und abkühlen lassen. In ein sterilisiertes, luftdicht verschließbares Glas füllen. So hält sich die Sauce im Kühlschrank 2–3 Wochen.

Frische Chilikonfitüre

Für 4 bis 6 Portionen
••••–•••••

Vorbereitungszeit
10 Minuten

Garzeit
25 Minuten

Zutaten

2 Stücke frischer Ingwer (à 4 cm), geschält und gerieben

12 frische lange rote Chilischoten, von Samen befreit und fein gehackt

6 Knoblauchzehen, gehackt

6 Korianderwurzeln und -stängel, fein gehackt

16 Eiertomaten

1 Zwiebel, fein gehackt

200 g Rohrohrzucker

3 EL Fischsauce

2 EL Tamarindenmark

Salz

Saft von 2 Limetten

Gewürze
frisch gemahlener schwarzer Pfeffer

1. Den Ingwer, die Chilischoten, den Knoblauch sowie die Korianderwurzeln und -stängel in der Küchenmaschine oder einem Mixer fein hacken. Die Hälfte der Tomaten und die Zwiebel dazugeben und alles zu einer glatten Masse verarbeiten.

2. Das Püree in einem Topf mit dem Zucker, der Fischsauce und dem Tamarindenmark verrühren und alles bei mittlerer Temperatur etwa 25 Minuten köcheln und eindicken lassen.

3. Die restlichen Tomaten halbieren und von den Samen befreien. Das Fruchtfleisch in kleine Würfel schneiden und diese unter die Tomatenmischung heben. Alles großzügig mit Salz und schwarzem Pfeffer würzen, dann den Limettensaft einrühren. Die Sauce abschmecken und bei Bedarf nachwürzen, dann den Topf vom Herd nehmen. Während des Abkühlens sollte die Mischung zu einer konfitürenartigen Masse eindicken.

4. Im Kühlschrank hält sich die fruchtige Sauce 10–14 Tage – es ist allerdings unwahrscheinlich, dass sie so lange hält, da sie erfahrungsgemäß immer sofort aufgegessen wird.

TIPP: Diese exotisch fruchtige »Konfitüre« passt zu fast allem, vom Rührei bis zu gegrilltem Hühnerfleisch. Auch ein köstliches Salatdressing lässt sich daraus machen.

Grundrezepte

Nam Prik Pao
Thailändisches Chili-Relish

Für 4 bis 6 Portionen

Vorbereitungszeit
15 Minuten

Garzeit
1 Stunde

Es gibt sehr viele verschiedene Varianten von *nam prik*, also Würzpasten oder stückigen Würzsaucen auf der Basis von Chilischoten. Für deren Zubereitung werden die Zutaten entweder separat gebraten oder zusammen im Topf gekocht.

Zutaten

4 frische lange rote Chilischoten, von Samen befreit und fein gehackt
4 Knoblauchzehen, gehackt
1 Stück frischer Ingwer (4cm), geschält und fein gehackt
3 Zwiebeln, grob gehackt
3 EL Pflanzenöl
2 EL Rohrohrzucker
½ TL Salz
3 EL Tamarindenmark
2 EL Fischsauce
Saft von 2 Limetten

Gewürze

¼ TL zerstoßene getrocknete Chilischoten
2 TL gemahlener Zimt
1 TL gemahlene Koriandersamen

1. Den Backofen auf 200 °C vorheizen.

2. Die frischen Chilischoten, den Knoblauch, den Ingwer und die Zwiebeln mit der Hälfte des Öls in einer Schüssel vermischen. Die Mischung auf einem Backblech verteilen und im Backofen etwa 20 Minuten braten, bis die Zwiebeln und der Knoblauch weich und leicht gebräunt sind.

3. Die Mischung in der Küchenmaschine oder einem Standmixer mit dem Zucker, dem Salz und den Gewürzen zerkleinern. Das Tamarindenmark, die Fischsauce und 100 ml Wasser dazugeben und alles zu einer glatten Masse verarbeiten.

4. In einem Topf mit schwerem Boden bei hoher Temperatur das restliche Öl erhitzen. Die Chilimischung hineingeben, dann die Temperatur reduzieren und alles 40 Minuten köcheln und auf eine konfitürenartige Konsistenz eindicken lassen.

5. Den Limettensaft unterrühren, dann die Sauce abschmecken und bei Bedarf nachwürzen. In sterilisierte Gläser füllen. So hält sich die Sauce im Kühlschrank bis zu 1 Monat.

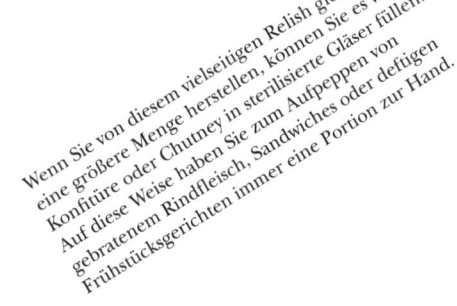

TIPP: Wenn Sie von diesem vielseitigen Relish gleich eine größere Menge herstellen, können Sie es wie Konfitüre oder Chutney in sterilisierte Gläser füllen. Auf diese Weise haben Sie zum Aufpeppen von gebratenem Rindfleisch, Sandwiches oder deftigen Frühstücksgerichten immer eine Portion zur Hand.

Erdnusssauce

Für 4 bis 6 Portionen
●●●–●●●●●

Vorbereitungszeit
10 Minuten

Garzeit
10 Minuten

Diese interessante Dipsauce mit ihrem vielschichtigen Geschmack und ihrer angenehmen Textur passt hervorragend zu jeder Art von gebratenem oder gegrilltem Fleisch. Zum Beispiel erhält der gebratene Schweinebauch mit Salz-Gewürz-Kruste (siehe Seite 100) durch sie eine weitere unwiderstehliche Geschmacksfacette.

Zutaten
3 Korianderwurzeln, fein gehackt
1 Knoblauchzehe, fein gehackt
1 Prise Salz
1 rote Chilischote, von Samen befreit und fein gehackt
4 Schalotten, fein gehackt
2 EL Pflanzenöl
2 TL geriebener Palmzucker
4 EL Erdnusskerne ohne Haut, geröstet
1 EL helle Sojasauce
Saft von 1 Limette
Blättchen von 2 Zweigen frischem Koriandergrün, gehackt

Gewürze
frisch gemahlener schwarzer Pfeffer

1. In einem Mörser die Korianderwurzeln und den Knoblauch mit einer Prise Salz zu einer glatten Paste zerreiben. Dann die Chilischote und die Schalotten einarbeiten.

2. Einen Topf mit schwerem Boden bei hoher Temperatur erhitzen. Die Hälfte des Öls und die Chilipaste hineingeben und alles etwa 2 Minuten anschwitzen, bis es aromatisch duftet. Den Palmzucker einrühren und das Ganze etwa 4 Minuten karamellisieren lassen.

3. Die Erdnüsse unterheben und alles weitere 3–4 Minuten braten, bis die Erdnüsse goldbraun sind. Wenn der Zucker anfängt zu verbrennen, mit einem Schuss Wasser ablöschen.

4. Die Mischung aus dem Topf zurück in den Mörser geben und zu einer mittelfeinen Paste zermahlen.

5. Das restliche Öl, die Sojasauce und den Limettensaft in die Paste einrühren. Die Sauce mit etwa 3 EL Wasser verdünnen. Zuletzt die Korianderblättchen unterheben.

6. Im Kühlschrank hält sich die Sauce bis zu 1 Woche. Sie schmeckt wunderbar zu knusprig gebratenem Schweinefleisch oder Hähnchen-Saté.

Grundrezepte 243

Relishes & sauer Eingelegtes

Relishes und sauer Eingelegtes passen ausgezeichnet zu gegrilltem oder gebratenem Fleisch, wie etwa langsam gegarter Schweineschulter (siehe Seite 104) oder knusprig-süßen Spareribs (siehe Seite 110). Aber auch zu Hühnchen, gegrilltem Schweinefleisch, gebratener Ente und gegarten Garnelen sind sie perfekte Begleiter.

Frisches Mango-Relish

Für 4 bis 6 Portionen

•••–••••

Vorbereitungszeit
5 Minuten

Garzeit
12 Minuten

Zutaten
2 reife Mangos, geschält, entsteint und fein gehackt
2 grüne Chilischoten, von Samen befreit und fein gehackt
Salz
1 EL weicher brauner Zucker
2 EL Tamarindenmark
Saft von 1 Limette

Gewürze
½ TL gemahlener Kreuzkümmel
frisch gemahlener schwarzer Pfeffer

1. In einem kleinen Topf die Mangos, die Chilischoten, das Salz, den Zucker, das Tamarindenmark und die Gewürze mit 100 ml Wasser vermengen. Die Mischung zum Kochen bringen, dann die Temperatur reduzieren und alles 10 Minuten sanft köcheln und eindicken lassen.

2. Das Relish vom Herd nehmen und abkühlen lassen. Dann den Limettensaft einrühren.

3. Im Kühlschrank hält sich die fruchtige Mischung 2–3 Tage.

Sauer-scharf eingelegtes Obst

Für 4 bis 6 Portionen
•• ••—•• •••

Vorbereitungszeit
10 Minuten

Zutaten

1 mittelfeste Birne, geviertelt, vom Kerngehäuse befreit und in 1 cm große Würfel geschnitten

1 unreife Mango, geschält, entsteint und in 1 cm große Würfel geschnitten

1 fester, saftiger Apfel (z. B. Pink Lady oder Braeburn), geviertelt, vom Kerngehäuse befreit und in 1 cm große Würfel geschnitten

Saft von 1 Limette

2 frische mittelscharfe rote Chilischoten, von Samen befreit und fein gehackt

1 kleine Zwiebel, fein gewürfelt

1 Stück frischer Ingwer (3 cm), geschält und gerieben

2 EL Reisessig

1 EL geriebener Palmzucker

Salz

Gewürze

frisch gemahlener schwarzer Pfeffer

1. Alle Zutaten gründlich in einer Schüssel vermengen. Die Mischung 5 Minuten ruhen lassen, dann abschmecken und bei Bedarf nachwürzen.

2. Das so eingelegte frische Obst hält sich im Kühlschrank nur einige Tage. Danach werden die Früchte weich und beginnen zu verderben.

Gewürzmischung mit Salz & Pfeffer

Für 4 bis 6 Portionen

● ● ● –● ● ● ● ●

Vorbereitungszeit
10 Minuten

Garzeit
3 Minuten

Diese köstlich duftende Trockengewürzmischung passt eigentlich zu allem. Besonders gut schmeckt sie aber zu Hühnerfleisch, Fisch oder Krustentieren.

Zutaten
3 EL Meersalzflocken

Gewürze
1 EL Koriandersamen
2 TL Kreuzkümmelsamen
2 TL Fenchelsamen
5 Stück Sternanis
½ TL weiße Pfefferkörner
½ TL schwarze Pfefferkörner
1 TL gemahlene Kurkuma
1 Prise Chiliflocken

1. Alle Gewürze in einer trockenen Pfanne bei mittlerer Temperatur 2–3 Minuten vorsichtig rösten, bis sie aromatisch duften. Dabei ständig rühren, damit sie nicht anbrennen.

2. Die gerösteten Gewürze in einer Gewürzmühle oder einem Mörser zu einem mittelfeinen Pulver zermahlen – ein wenig Textur sollte erhalten bleiben, die Stücke sollten aber nicht zu groß sein. Die Meersalzflocken untermischen.

3. Luftdicht verpackt bleibt diese Gewürzmischung mehrere Wochen aromatisch. Vor der Verwendung noch einmal kurz in einer trockenen Pfanne bei hoher Temperatur anrösten, um das Aroma aufzufrischen.

TIPP: Mit diesem aromatischen Universaltalent können Sie Fleisch, Fisch, Krustentieren und gedünstetem Gemüse eine Extraportion Geschmack verpassen.

Thai-Klebreis

Für 4 bis 6 Portionen

Einweichzeit
3 Stunden

Dämpfzeit
30 Minuten

Zutaten
200 g ungekochter Thai-Klebreis
(aus dem Asialaden)

Thai-Klebreis ist eine besondere Art von Rundkornreis, dessen Körner beim Kochen stark aufquellen und miteinander verkleben. Unter anderem eignet er sich besonders gut für Desserts in Kombination mit frischen Früchten, wie zum Beispiel Mango (siehe Seite 204).

1. Den Reis 3 Stunden in Wasser einweichen, dann gründlich unter fließend Wasser abspülen und abtropfen lassen.

2. Einen Dämpfeinsatz mit einer doppelten Lage sauberem Käsetuch oder Musselin auslegen und auf einen Topf mit Wasser setzen. Den eingeweichten Reis auf das Tuch geben.

3. Den Reis bei mäßiger Temperatur etwa 30 Minuten dämpfen, bis er aufgequollen und klebrig ist.

TIPP: Dieser Reis sollte unbedingt in einem Topf auf dem Herd gedämpft werden. In einem elektrischen Reiskocher gelingt Klebreis weniger gut.

Grundrezepte 249

Menüvorschläge

Bei einer authentischen thailändischen Mahlzeit haben Sie nicht nur ein Gericht vor sich, sondern gleich eine ganze Reihe sowohl sich ergänzender als auch gegensätzlicher Speisen. Bei der Planung eines Menüs sollte man sich das Essen entsprechend als Gesamtgefüge vor Augen führen: Was zuvor verspeist wurde, ist ebenso wichtig wie das, was folgen wird. Die Geschmacksrichtungen pfeffrig-scharf, süß, salzig und säuerlich sollten stets in einem ausgewogenen Verhältnis zueinander stehen. Diese Ausgewogenheit wiederum sollte in jedem einzelnen Gericht ebenso wie in der gesamten Mahlzeit zum Ausdruck kommen. Einige Gerichte sind mild, andere würzig, einige Gerichte sind sämig glatt, andere weisen mehr Textur auf. Das eine Gericht kann scharf und salzig sein, das nächste dagegen scharf und säuerlich. Farbe, Geschmack und Textur – es gilt, alles in Einklang zu bringen.

Bei der Vorbereitung ist es hilfreich, alle in Ihrem Menü verwendeten Rezepte durchzugehen und eine To-do-Liste anzufertigen. Es ist nämlich oft so, dass beispielsweise Ingwer gleich in mehreren Gerichten benötigt wird, man die insgesamt verwendete Menge also gleichzeitig hacken und dann für die einzelnen Gerichte entsprechend aufteilen kann. Ordnen Sie die vorbereiteten Zutaten auf einem Teller oder einem Tablett an, als handle es sich um die Farbpalette eines Malers – geriebener Ingwer neben gehackten Frühlingszwiebeln, daneben Chili oder Knoblauch und so weiter. Geht man so an die Sache heran, ist es gar nicht mehr so schwierig, sich ein Essen aus vier oder fünf verschiedenen Bestandteilen vorzustellen.

ZUM EINSTIEG INS WOCHENENDE: Gebratene Garnelen in Tamarindenmarinade (siehe Seite 38), Gegrilltes Schweinefleisch mit Kräutersalat (siehe Seite 92), Sauer-scharfes Curry mit gegrilltem Lachs (siehe Seite 160), Eis mit Honigkaramell-Kokos-Topping (siehe Seite 212), Ananas-Limetten-Crush mit Minze (siehe Seite 216)

EINFACHES ABENDESSEN: Thai-Rindfleischspieße mit rotem Chili-Essig (siehe Seite 88), Salat mit gegrillten Garnelen & Thai-Basilikum (siehe Seite 62), Tom Kha Gai – Hühnersuppe mit Kokosmilch (siehe Seite 172), Ananas mit Chili-Karamell (siehe Seite 208), Wassermelone mit Limette, Salz & schwarzem Pfeffer (siehe Seite 210)

EIN ABEND MIT FREUNDEN: Frühlingsrollen mit Knusperhühnchen, Chili & Ingwer (siehe Seite 28), Krebsfleischsalat mit Koriander & Chili (siehe Seite 74), Langsam gegarte Schweineschulter mit Koriander, Tamarinde & Chili (siehe Seite 104), Spinat aus dem Wok mit Knoblauch & schwarzem Pfeffer (siehe Seite 194), Mango-Ananas-Salat (siehe Seite 206)

UM EINDRUCK ZU MACHEN: Kung Sang Wa – Marinierte Garnelen mit Ingwer und Kaffirlimettenblättern (siehe Seite 36), Entenfleischsalat mit Mango & gerösteter Kokosnuss (siehe Seite 78), Gegrillter Fisch mit Kurkuma (siehe Seite 130), Grünes Thai-Curry mit Garnelen (siehe Seite 154), Bananen-Kokos-Pfannkuchen (siehe Seite 214)

ABENDESSEN UNTER DER WOCHE: Gegrillter Tintenfisch mit Knoblauch & Pfeffer (Seite 40), Schweinefleisch-Gurken-Salat (siehe Seite 72), Gebratener Sesam-Thunfisch mit Zitronengras & Ingwer (siehe Seite 124), Pad Thai – gebratene Nudeln (siehe Seite 176), Eis mit Honigkaramell-Kokos-Topping (siehe Seite 212)

FREITAGABEND: Hühnchen-Saté mit Kurkuma & Ingwer (siehe Seite 32), Knackiger Koriander-Kraut-Salat mit gerösteten Cashewkernen (siehe Seite 66), Knusprig frittierte Fischchen mit Thai-Gewürzen (siehe Seite 126), Gebratener Schweinebauch mit Salz-Gewürz-Kruste (siehe Seite 100), Klebreis mit Mango (siehe Seite 204)

FÜR BESONDERE ANLÄSSE: Frittierte Krebsfleischfrikadellen mit Koriander (siehe Seite 50), Hühnerfleischsalat mit Sesam & weißem Pfeffer (siehe Seite 64), Fischcurry mit Kokosmilch (siehe Seite 152), Pad Ki Mao – würzige Rindfleischnudeln mit Limettenblättern (siehe Seite 180), In Karamell gebackene Birnen mit aromatischen Thai-Gewürzen (siehe Seite 218)

Register

A

Ananas
Ananas mit Chili-Karamell 208
Ananas-Limetten-Crush mit Minze 216
Mango-Ananas-Salat 206
Aromatisch geräuchertes Fischfilet 138
Aromatische Chickenwings mit Galgant 90
Aromatischer Räucherfischsalat mit asiatischen Kräutern & gerösteten Cashewkernen 70
Asiatischer Nudelsalat mit gebratener Ente & gerösteten Sesamsamen 58
Austernpilze 26: Geschmorte Austernpilze mit Ingwer & Chilischoten 192
Austernsauce 19: Grünes Wok-Gemüse mit Austernsauce 196

B

Bananen
Bananen-Kokos-Pfannkuchen 214
Würzig frittierte Bananen 200
Basilikum
Asiatischer Nudelsalat mit gebratener Ente & gerösteten Sesamsamen 58
Chili-Basilikum-Hühnchen aus dem Wok 106
Frittierte Krebsfleischfrikadellen mit Koriander 50
Gebratener Reis mit Garnelen, Tintenfisch & Krebsfleisch 178
Gegrilltes Schweinefleisch mit Kräutersalat 92
Basmatireis 17: Geschmortes Hühnchen mit Reis, Kurkuma & Gewürzen 186
Birnen
In Karamell gebackene Birnen mit aromatischen Thai-Gewürzen 218
Sauer-scharf eingelegtes Obst 245
Bratreis, Thai- 188

C

Cashewkerne 13
Aromatischer Räucherfischsalat mit asiatischen Kräutern & gerösteten Cashewkernen 70
Garnelen-Nudel-Salat mit Chilischoten & gerösteten Cashewkernen 54
Gegrillte Jakobsmuscheln mit grünem Cashew-Relish 118
Knackiger Koriander-Kraut-Salat mit gerösteten Cashewkernen 66
Chao Tom (pikante Garnelenfrikadellen auf Zitronengrasstängeln) 30
Chickenwings, aromatische, mit Galgant 90
Chili-Basilikum-Hühnchen aus dem Wok 106
Chili-Garnelen, gegrillte 102
Chilisaucen 13, 238–241
Chili-Honig-Sauce 102
Chili-Knoblauch-Sauce 184
Frische Chilikonfitüre 239
Grüne-Chili-Sauce 102
Karamellige Chili-Tamarinden-Sauce 235
Nahm-Jim-Sauce mit grünen Chilischoten 237
Nahm-Jim-Sauce mit roten Chilischoten 236
Nam Prik Pao (Thailändisches Chili-Relish) 240
Roter Chili-Essig 232
Sang-Wa-Sauce 233
Sweet-Chili-Sauce 238
Chilischoten 13, 121
Crush, Ananas-Limetten-, mit Minze 216
Currypasten 222–229
Gaeng-Gari-Currypaste 226
Grüne Currypaste 224
Massaman-Currypaste mit gerösteten Erdnüssen 228
Rote Currypaste 223
Sauer-scharfe Currypaste 227
Currypulver: Gegrilltes Hühnchen nach südthailändischer Art 44
Currys 150–167
Fischcurry mit Kokosmilch 152
Gaeng-Gari-Curry mit gebratenem Hühnerfleisch 166
Grünes Thai-Curry mit Garnelen 154
Massaman-Curry mit geschmortem Rindfleisch 162
Rotes Hähnchencurry 156
Sauer-scharfes Curry mit gegrilltem Lachs 160

E

Eier
Frühlingsrollen mit Knusperhühnchen, Chili & Ingwer 28
Gebratener Reis mit Garnelen, Tintenfisch & Krebsfleisch 178
Pad Thai (Gebratene Nudeln) 176
Thai-Bratreis 188
Tod Man Khao Pad (Maisküchlein mit Currypaste) 34
Entenfleisch
Asiatischer Nudelsalat mit gebratener Ente & gerösteten Sesamsamen 58
Entenfleischsalat mit Mango & gerösteter Kokosnuss 78
Entenfleischsuppe mit Limette, Chili & Basilikum 170
Erdnusskerne 13
Erdnusssauce 242
Garnelen-Miang 42
Garnelen-Nudel-Salat mit Minze & gerösteten Erdnüssen 80
Garnelen-Saté 144
Gebratenes Rindfleisch mit Tamarindensirup & gerösteten Erdnüssen 86
Gegrillte Jakobsmuscheln mit grünem Cashew-Relish 118
Massaman-Currypaste mit gerösteten Erdnüssen 228
Miang Pla Tu (Thai-Makrelensalat mit Ingwer, Schalotten & Limette) 132
Pad Thai (Gebratene Nudeln) 176
Schweinefleisch-Gurken-Salat 72
Yam Som Tam (sauer-scharfer Salat mit grüner Papaya) 60

F

Fisch
Aromatisch geräuchertes Fischfilet 138
Aromatischer Räucherfischsalat mit asiatischen Kräutern & gerösteten Cashewkernen 70
Fischcurry mit Kokosmilch 152
Gegrillter Fisch mit karameliger Chili-Tamarinden-Sauce 122
Gebratener Fisch in Kurkuma-Kokosnuss-Kruste 158
Gebratener Sesam-Thunfisch mit Zitronengras & Ingwer 124
Gegrillter Fisch mit Chili, Knoblauch & Ingwer 148
Gegrillter Fisch mit Knoblauch, weißem Pfeffer & Chilisauce 184
Gegrillter Fisch mit Kurkuma 130
Kabeljau aus dem Wok mit Zuckerschoten, Ingwer & Fünf-Gewürze-Pulver 134
Knusprig frittierte Fischchen mit Thai-Gewürzen 126
Miang Pla Tu (Thai-Makrelensalat mit Ingwer, Schalotten & Limette) 132
Räucherforelle mit gerösteter Kokosnuss & Ingwer 140
Rosa gegrillter Thunfisch mit asiatischen Kräutern 142
Thai-Fischfrikadellen mit Gurken-Relish 48
Thai-Fischfrikadellen mit Koriander 46
Fischsauce 18
Flanksteak, würziges, mit sauer-scharfer Chilisauce 94
Forelle, Räucher-, mit gerösteter Kokosnuss & Ingwer 140
Frische Chilikonfitüre 239
Frisches Mango-Relish 244
Frittierte Krebsfleischfrikadellen mit Koriander 50
Frühlingsrollen 17
Frühlingsrollen mit Glasnudeln & Schweinefleisch 24
Frühlingsrollen mit Knusperhühnchen, Chili & Ingwer 28
So wird's gemacht 26
Fünf-Gewürze-Pulver 14
Frühlingsrollen mit Knusperhühnchen, Chili & Ingwer 28
Gebratener Schweinebauch mit Salz-Gewürz-Kruste 100
Geschmorte Austernpilze mit Ingwer & Chilischoten 192
Kabeljau aus dem Wok mit Zuckerschoten, Ingwer & Fünf-Gewürze-Pulver 134
Pad Ki Mao (Würzige Rindfleischnudeln mit Kaffirlimettenblättern) 180
Schweinefleisch-Gurken-Salat 72
Thai-Rindfleischspieße mit rotem Chili-Essig 88

G

Gaeng-Gari-Curry mit gebratenem Hühnerfleisch 166
Gaeng-Gari-Currypaste 226
Gai Yang nach Isaan-Art (Gegrilltes Hühnchen mit Zitronengras & schwarzem Pfeffer) 84
Galgant
Aromatische Chickenwings mit Galgant 90
Gebratenes Stubenküken mit Zitronengras & Kokoscreme 108
Tom Kha Gai (Hühnersuppe mit Kokosmilch) 172
Garnelen
Chao Tom (Pikante Garnelenfrikadellen auf Zitronengrasstängeln) 30
Fischcurry mit Kokosmilch 152
Garnelen & Koriander mit Chili-Tamarinden-Sauce 102
Garnelen-Miang 42
Garnelen-Nudel-Salat mit Chilischoten & gerösteten Cashewkernen 54
Garnelen-Nudel-Salat mit Minze & gerösteten Erdnüssen 80
Garnelen-Saté 144
Garnelensalat mit Ingwer & Minze 184
Gebratene Garnelen in Tamarindenmarinade 38
Gebratener Reis mit Garnelen, Tintenfisch & Krebsfleisch 178
Gedämpfte Garnelen & Muscheln 158
Gegrillte Chili-Garnelen 102
Grünes Thai-Curry mit Garnelen 154
Kung Sang Wa (Marinierte Garnelen mit Ingwer & Kaffirlimettenblättern) 36
Pad Thai (Gebratene Nudeln) 176
Salat mit gegrillten Garnelen & Thai-Basilikum 62
Thai-Bratreis 188
Garnelenpaste 18
Fischcurry mit Kokosmilch 152
Garnelen-Miang 42
Garnelen-Saté 144
Rote Currypaste 223
Gebratene Nudeln (Pad Thai) 176
Gebratene Nudeln nach Hakka-Art mit Schweinefleisch & Thai-Basilikum 182
Gebratener Fisch in Kurkuma-Kokosnuss-Kruste 158
Gebratener Reis mit Garnelen, Tintenfisch & Krebsfleisch 178
Gebratener Schweinebauch mit Salz-Gewürz-Kruste 100
Gebratener Sesam-Thunfisch mit Zitronengras & Ingwer 124
Gebratenes Rindfleisch mit Tamarindensirup & gerösteten Erdnüssen 86
Gebratenes Stubenküken mit Zitronengras & Kokoscreme 108
Gedämpfte Muscheln & Garnelen 158
Gegrillte Chili-Garnelen 102
Gegrillte Hähnchenschlegel mit grünen Kräutern 158
Gegrillte Jakobsmuscheln mit grünem Cashew-Relish 118
Gegrillte Schweinekoteletts mit Knoblauch 184
Gegrillter Fisch mit Chili, Knoblauch & Ingwer 148
Gegrillter Fisch mit karameliger Chili-Tamarinden-Sauce 122
Gegrillter Fisch mit Knoblauch, weißem Pfeffer & Chilisauce 184
Gegrillter Fisch mit Kurkuma 130
Gegrillter Tintenfisch mit Knoblauch & Pfeffer 40
Gegrilltes Hühnchen mit Zitronengras & schwarzem Pfeffer (Gai Yang nach Isaan-Art) 84
Gegrilltes Hühnchen nach südthailändischer Art 44
Gegrilltes Rindfleisch mit Ingwer & Kokosnuss 184
Gegrilltes Schweinefleisch mit Kräutersalat 92
Gegrilltes Schweinefleisch mit Wassermelone, Limette & Chili 102
Geschmorte Austernpilze mit Ingwer & Chilischoten 192
Geschmortes Hühnchen mit Reis, Kurkuma & Gewürzen 186
Gewürzmischung mit Salz & Pfeffer 246
Gewürznelken
Langsam gegarte Schweineschulter mit Koriander, Tamarinde & Chili 104

Massaman-Currypaste mit gerösteten Erdnüssen 228
Götterspeise, Zitrus-Kokos- 202
Grüne Bohnen
Grünes Thai-Curry mit Garnelen 154
Sauer-scharfes Curry mit gegrilltem Lachs 160
Thai-Fischfrikadellen mit Gurken-Relish 48
Thai-Rindfleischpfanne mit Chili-Relish 96
Grüne Currypaste 224
Grüne-Chili-Sauce 102
Grünes Thai-Curry mit Garnelen 154
Grünes Wok-Gemüse mit Austernsauce 196
Gurke
Asiatischer Nudelsalat mit gebratener Ente & gerösteten Sesamsamen 58
Knackiger Gurken-Geflügel-Salat mit Ingwer 184
Krebsfleischsalat mit Koriander & Chili 74
Schweinefleisch-Gurken-Salat 72
Thai-Fischfrikadellen mit Gurken-Relish 48

H
Honig
Ananas mit Chili-Karamell 208
Gai Yang nach Isaan-Art (Gegrilltes Hühnchen mit Zitronengras & schwarzem Pfeffer) 84
Honigkaramell-Kokos-Topping 212
In Karamell gebackene Birnen mit aromatischen Thai-Gewürzen 218
Karamellige Chili-Tamarinden-Sauce 235
Knusprig-süße Spareribs 110
Langsam gegarte Schweineschulter mit Koriander, Tamarinde & Chili 104
Würzig frittierte Bananen 200
Hühnerfleisch
Aromatische Chickenwings mit Galgant 90
Chili-Basilikum-Hühnchen aus dem Wok 106
Frühlingsrollen mit Knusperhühnchen, Chili & Ingwer 28
Gaeng-Gari-Curry mit gebratenem Hühnerfleisch 166
Gai Yang nach Isaan-Art (Gegrilltes Hühnchen mit Zitronengras & schwarzem Pfeffer) 84
Gegrillte Hähnchenschlegel mit grünen Kräutern 158
Gegrilltes Hühnchen nach südthailändischer Art 44
Geschmortes Hühnchen mit Reis, Kurkuma & Gewürzen 186
Hühnchen-Saté mit Kurkuma & Ingwer 32
Hühnerfleischsalat mit Sesam & weißem Pfeffer 64
Knackiger Gurken-Geflügel-Salat mit Ingwer 184
Knusprige Hühnchenfrikadellen mit grünen Chilischoten 102
Pad Thai (gebratene Nudeln) 176
Pfeffrige Hähnchenspieße mit Chili-Knoblauch-Sauce 184
Rotes Hähnchencurry 156

Siamesisches Hühnchen mit Ingwer, Koriander, Knoblauch & weißem Pfeffer 98
Süß-scharfe Hähnchenschlegel 112
Thai-Bratreis 188
Tom Kha Gai (Hühnersuppe mit Kokosmilch) 172
Tom Yam (sauer-scharfe Suppe mit Huhn, gebratenen Schalotten & Thai-Basilikum) 168

I
In Karamell gebackene Birnen mit aromatischen Thai-Gewürzen 218
In Würzkruste frittierter Tintenfisch 116
Ingwer 13, 120

J
Jakobsmuscheln, gegrillte, mit grünem Cashew-Relish 118
Jasminreis 17
Gebratener Reis mit Garnelen, Tintenfisch & Krebsfleisch 178
Thai-Bratreis 188

K
Kabeljau aus dem Wok mit Zuckerschoten, Ingwer & Fünf-Gewürze-Pulver 134
Kaffirlimettenblätter 13, 121
Asiatischer Nudelsalat mit gebratener Ente & gerösteten Sesamsamen 58
Fischcurry mit Kokosmilch 152
Krebsfleischsalat mit Koriander & Chili 74
Kung Sang Wa (marinierte Garnelen mit Ingwer & Kaffirlimettenblättern) 36
Pad Ki Mao (Würzige Rindfleischnudeln mit Kaffirlimettenblättern) 180
Rote Currypaste 223
Sang-Wa-Sauce 233
Sauer-scharfe Currypaste 227
Sauer-scharfes Curry mit gegrilltem Lachs 160
Thai-Fischfrikadellen mit Gurken-Relish 48
Tom Kha Gai (Hühnersuppe mit Kokosmilch) 172
Tom Yam (Sauer-scharfe Suppe mit Huhn, gebratenen Schalotten & Thai-Basilikum) 168
Karamellige Chili-Tamarinden-Sauce 235
Kardamom
Ananas mit Chili-Karamell 208
Aromatische Chickenwings mit Galgant 90
Gebratener Schweinebauch mit Salz-Gewürz-Kruste 100
Geschmortes Hühnchen mit Reis, Kurkuma & Gewürzen 186
In Karamell gebackene Birnen mit aromatischen Thai-Gewürzen 218
Langsam gegarte Schweineschulter mit Koriander, Tamarinde & Chili 104
Massaman-Currypaste mit gerösteten Erdnüssen 228
Würzig frittierte Bananen 200
Würziges Flanksteak mit sauer-scharfer Chilisauce 94
Kartoffeln: Massaman-Curry mit geschmortem Rindfleisch 162
Klebreis
Klebreis mit Mango 204
Thai-Klebreis 248
Knackiger Gurken-Geflügel-Salat mit Ingwer 184

Knackiger Koriander-Kraut-Salat mit gerösteten Cashewkernen 66
Knoblauch 13
Knusprige Hühnchenfrikadellen mit grünen Chilischoten 102
Knusprig frittierte Fischchen mit Thai-Gewürzen 126
Knusprig-süße Spareribs 110
Kokoscreme 18
Fischcurry mit Kokosmilch 152
Gaeng-Gari-Currypaste 226
Garnelen-Saté 144
Gebratenes Stubenküken mit Zitronengras & Kokoscreme 108
Grillte Jakobsmuscheln mit grünem Cashew-Relish 118
Gegrillter Fisch mit Kurkuma 130
Gegrilltes Hühnchen nach südthailändischer Art 44
Grüne Currypaste 224
Grünes Thai-Curry mit Garnelen 154
Kokospudding 158
Massaman-Curry mit geschmortem Rindfleisch 162
Rote Currypaste 223
Rotes Hähnchencurry 156
Sauer-scharfe Currypaste 227
Tom Kha Gai (Hühnersuppe mit Kokosmilch) 172
Zitrus-Kokos-Götterspeise 202
Kokosmilch 18
Bananen-Kokos-Pfannkuchen 214
Klebreis mit Mango 204
Tom Kha Gai (Hühnersuppe mit Kokosmilch) 172
Würzig frittierte Bananen 200
Kokosnuss
Aromatisch geräuchertes Fischfilet 138
Bananen-Kokos-Pfannkuchen 214
Entenfleischsalat mit Mango & gerösteter Kokosnuss 78
Garnelen-Miang 42
Gegrillter Fisch mit karamelliger Chili-Tamarinden-Sauce 122
Gegrilltes Rindfleisch mit Ingwer & Kokosnuss 184
Honigkaramell-Kokos-Topping 212
Kokospudding 158
Räucherforelle mit geröstetet Kokosnuss & Ingwer 140
Zitrus-Kokos-Götterspeise 202
Koriandergrün
Aromatischer Räucherfischsalat mit asiatischen Kräutern & gerösteten Cashewkernen 70
Chili-Basilikum-Hühnchen aus dem Wok 106
Entenfleischsalat mit Mango & gerösteter Kokosnuss 78
Fischcurry mit Kokosmilch 152
Garnelen-Nudel-Salat mit Minze & gerösteten Erdnüssen 80
Gebratener Sesam-Thunfisch mit Zitronengras & Ingwer 124
Gebratenes Rindfleisch mit Tamarindensirup & gerösteten Erdnüssen 86
Gegrillte Jakobsmuscheln mit grünem Cashew-Relish 118
Gegrillter Fisch mit Chili, Knoblauch & Ingwer 148
Gegrillter Fisch mit karamelliger Chili-Tamarinden-Sauce 122
Gegrilltes Schweinefleisch mit Kräutersalat 92
Grünes Thai-Curry mit Garnelen 154
Hühnerfleischsalat mit Sesam & weißem Pfeffer 64

Kabeljau aus dem Wok mit Zuckerschoten, Ingwer & Fünf-Gewürze-Pulver 134
Knackiger Koriander-Kraut-Salat mit gerösteten Cashewkernen 66
Krebsfleischsalat mit Koriander & Chili 74
Massaman-Curry mit geschmortem Rindfleisch 162
Pad Thai (Gebratene Nudeln) 176
Sauer-scharfes Curry mit gegrilltem Lachs 160
Schweinefleisch-Gurken-Salat 72
Siamesisches Hühnchen mit Ingwer, Koriander, Knoblauch & weißem Pfeffer 98
Thai-Rindfleischpfanne mit Chili-Relish 96
Thai-Rindfleischspieße mit rotem Chili-Essig 88
Tom Kha Gai (Hühnersuppe mit Kokosmilch) 172
Tom Yam (Sauer-scharfe Suppe mit Huhn, gebratenen Schalotten & Thai-Basilikum) 168
Würziges Flanksteak mit sauer-scharfer Chilisauce 94
Koriandersamen
Aromatisch geräuchertes Fischfilet 138
Aromatische Chickenwings mit Galgant 90
Gaeng-Gari-Curry mit gebratenem Hühnerfleisch 166
Gaeng-Gari-Currypaste 226
Gebratener Schweinebauch mit Salz-Gewürz-Kruste 100
Gegrilltes Hühnchen nach südthailändischer Art 44
Gegrilltes Schweinefleisch mit Kräutersalat 92
Geschmorte Austernpilze mit Ingwer & Chilischoten 192
Geschmortes Hühnchen mit Reis, Kurkuma & Gewürzen 186
Kabeljau aus dem Wok mit Zuckerschoten, Ingwer & Fünf-Gewürze-Pulver 134
Knusprig-süße Spareribs 110
Langsam gegarte Schweineschulter mit Koriander, Tamarinde & Chili 104
Massaman-Currypaste mit gerösteten Erdnüssen 228
Räucherforelle mit geröstetet Kokosnuss & Ingwer 140
Rosa gegrillter Thunfisch mit asiatischer Kräutersauce 142
Schweinefleisch-Gurken-Salat 72
Siamesisches Hühnchen mit Ingwer, Koriander, Knoblauch & weißem Pfeffer 98
Süß-scharfe Hähnchenschlegel 112
Thai-Rindfleischspieße mit rotem Chili-Essig 88
Würziges Flanksteak mit sauer-scharfer Chilisauce 94
Korianderwurzeln
Aromatische Chickenwings mit Galgant 90
Gai Yang nach Isaan-Art (Gegrilltes Hühnchen mit Zitronengras & schwarzem Pfeffer) 84
Gegrillter Fisch mit karamelliger Chili-Tamarinden-Sauce 122
Geschmorte Austernpilze mit Ingwer & Chilischoten 192

Register 253

Geschmortes Hühnchen mit Reis, Kurkuma & Gewürzen 186
Grüne Currypaste 224
Kabeljau aus dem Wok mit Zuckerschoten, Ingwer & Fünf-Gewürze-Pulver 134
Knusprig-süße Spareribs 110
Nahm-Jim-Sauce mit grünen Chilischoten 237
Rote Currypaste 223
Sauer-scharfe Currypaste 227
Siamesisches Hühnchen mit Ingwer, Koriander, Knoblauch & weißem Pfeffer 98
Thai-Rindfleischspieße mit rotem Chili-Essig 88
Tom Yam (Sauer-scharfe Suppe mit Huhn, gebratenen Schalotten & Thai-Basilikum) 168
Würzmarinade für Ente oder Hühnchen 230

Krebsfleisch
Fischcurry mit Kokosmilch 152
Frittierte Krebsfleischfrikadellen mit Koriander 50
Gebratener Reis mit Garnelen, Tintenfisch & Krebsfleisch 178
Krebsfleischsalat mit Koriander & Chili 74
Kreuzkümmelsamen 14
Kung Sang Wa (Marinierte Garnelen mit Ingwer & Kaffirlimettenblättern) 36
Kürbiscremesuppe 158

L
Lachs: Sauer-scharfes Curry mit gegrilltem Lachs 160
Langsam gegarte Schweineschulter mit Koriander, Tamarinde & Chili 104
Mais: Tod Man Khao Pad (Maisküchlein mit Currypaste) 34
Makrelensalat, Thai-, mit Ingwer, Schalotten & Limette (Miang Pla Tu) 132
Mango
Entenfleischsalat mit Mango & gerösteter Kokosnuss 78
Frisches Mango-Relish 244
Klebreis mit Mango 204
Mango-Ananas-Salat 206
Sauer-scharf eingelegtes Obst 245
Yam Som Tam (Sauer-scharfer Salat mit grüner Papaya) 60
Marinierte Garnelen mit Ingwer & Kaffirlimettenblättern (Kung Sang Wa) 36
Massaman-Curry mit geschmortem Rindfleisch 162
Massaman-Currypaste mit gerösteten Erdnüssen 228
Minze
Ananas-Limetten-Crush mit Minze 216
Aromatischer Räucherfischsalat mit asiatischen Kräutern & gerösteten Cashewkernen 70
Fischcurry mit Kokosmilch 152
Garnelen-Nudel-Salat mit Chilischoten & gerösteten Cashewkernen 54
Garnelen-Nudel-Salat mit Minze & gerösteten Erdnüssen 80
Garnelensalat mit Ingwer & Minze 184
Gebratener Sesam-Thunfisch mit Zitronengras & Ingwer 124
Gegrilltes Schweinefleisch mit Kräutersalat 92

Geschmortes Hühnchen mit Reis, Kurkuma & Gewürzen 186
Knackiger Koriander-Kraut-Salat mit gerösteten Cashewkernen 66
Krebsfleischsalat mit Koriander & Chili 74
Kung Sang Wa (Marinierte Garnelen mit Ingwer & Kaffirlimettenblättern) 36
Mango-Ananas-Salat 206
Räucherforelle mit gerösteter Kokosnuss & Ingwer 140
Sauer-scharfer Rindfleischsalat mit geröstetem Reis & Koriander 56
Schweinefleisch-Gurken-Salat 72
Thai-Rindfleischpfanne mit Chili-Relish 96
Würziges Flanksteak mit sauer-scharfer Chilisauce 94
Mungbohnensprossen
Garnelen-Nudel-Salat mit Minze & gerösteten Erdnüssen 80
Gebratene Nudeln nach Hakka-Art mit Schweinefleisch & Thai-Basilikum 182
Gegrilltes Schweinefleisch mit Kräutersalat 92
Pad Thai (Gebratene Nudeln) 176
Thai-Rindfleischpfanne mit Chili-Relish 96
Muscheln
Gedämpfte Muscheln & Garnelen 158
Gegrillte Jakobsmuscheln mit grünem Cashew-Relish 118
Muscheln aus dem Wok mit Chilikonfitüre 146
Muscheln vorbereiten – so wird's gemacht 146

N
Nahm-Jim-Sauce
mit grünen Chilischoten 237
mit roten Chilischoten 236
Nam Prik Pao (Thailändisches Chili-Relish) 240
Nudeln 17
Asiatischer Nudelsalat mit gebratener Ente & gerösteten Sesamsamen 58
Frühlingsrollen mit Glasnudeln & Schweinefleisch 24
Garnelen-Nudel-Salat mit Chilischoten & gerösteten Cashewkernen 54
Garnelen-Nudel-Salat mit Minze & gerösteten Erdnüssen 80
Gebratene Nudeln nach Hakka-Art mit Schweinefleisch & Thai-Basilikum 182
Pad Ki Mao (Würzige Rindfleischnudeln mit Kaffirlimettenblättern) 180
Pad Thai (Gebratene Nudeln) 176

O
Obst, sauer-scharf eingelegtes 245
Ofenkürbis, pikanter, mit Chili-Honig-Sauce 102
Orangen
Ananas mit Chili-Karamell 208
Aromatischer Räucherfischsalat mit asiatischen Kräutern & gerösteten Cashewkernen 70
Gebratener Sesam-Thunfisch mit Zitronengras & Ingwer 124

Grünes Thai-Curry mit Garnelen 154
Honigkaramell-Kokos-Topping 212
In Karamell gebackene Birnen mit aromatischen Thai-Gewürzen 218
Kung Sang Wa (Marinierte Garnelen mit Ingwer & Kaffirlimettenblättern) 36
Mango-Ananas-Salat 206
Salat mit gegrillten Garnelen & Thai-Basilikum 62
Würzmarinade für Ente oder Hühnchen 230
Zitrus-Kokos-Götterspeise 202

P
Pad Ki Mao (Würzige Rindfleischnudeln mit Kaffirlimettenblättern) 180
Pad Thai (gebratene Nudeln) 176
Paprikaschoten, rote
Rote Currypaste 223
Sauer-scharfe Currypaste 227
Pfannkuchen, Bananen-Kokos- 214
Pfeffrige Hähnchenspieße mit Chili-Knoblauch-Sauce 214
Pikante Garnelenfrikadellen auf Zitronengrasstängeln (Chao Tom) 30
Pikanter Ofenkürbis mit Chili-Honig-Sauce 102
Pilze: Geschmorte Austernpilze mit Ingwer & Chilischoten 192
Pudding, Kokos- 158

R
Räucherfischsalat, aromatischer, mit asiatischen Kräutern & gerösteten Cashewkernen 70
Räucherforelle mit gerösteter Kokosnuss & Ingwer 140
Reis 17
Aromatisch geräuchertes Fischfilet 138
Gebratener Reis mit Garnelen, Tintenfisch & Krebsfleisch 178
Geschmortes Hühnchen mit Reis, Kurkuma & Gewürzen 186
Klebreis mit Mango 204
Reis rösten und mahlen – so wird's gemacht 17
Sauer-scharfer Rindfleischsalat mit geröstetem Reis & Koriander 56
Thai-Bratreis 188
Thai-Klebreis 248
Thai-Reissalat 158
Reisessig 19
Aromatischer Räucherfischsalat mit asiatischen Kräutern & gerösteten Cashewkernen 70
Gebratenes Rindfleisch mit Tamarindensirup & gerösteten Erdnüssen 86
Hühnerfleischsalat mit Sesam & weißem Pfeffer 64
Krebsfleischsalat mit Koriander & Chili 74
Roter Chili-Essig 232
Sauer-scharfe Chilisauce 234
Schweinefleisch-Gurken-Salat 72
Reismehl
Bananen-Kokos-Pfannkuchen 214
Chao Tom (Pikante Garnelenfrikadellen auf Zitronengrasstängeln) 30
In Würzkruste frittierter Tintenfisch 116
Knusprig frittierte Fischchen mit Thai-Gewürzen 126

Knusprig-süße Spareribs 110
Tod Man Khao Pad (Maisküchlein mit Currypaste) 34
Reissalat, Thai- 158
Relishes
Frisches Mango-Relish 244
Grünes Cashew-Relish 118
Gurken-Relish 48
Nam Prik Pao (thailändisches Chili-Relish) 240
Rindfleisch
Gebratenes Rindfleisch mit Tamarindensirup & gerösteten Erdnüssen 86
Gegrilltes Rindfleisch mit Ingwer & Kokosnuss 184
Massaman-Curry mit geschmortem Rindfleisch 162
Pad Ki Mao (Würzige Rindfleischnudeln mit Kaffirlimettenblättern) 180
Sauer-scharfer Rindfleischsalat mit geröstetem Reis & Koriander 56
Thai-Rindfleischpfanne mit Chili-Relish 96
Thai-Rindfleischspieße mit rotem Chili-Essig 88
Würziges Flanksteak mit sauer-scharfer Chilisauce 94
Rosa gegrillter Thunfisch mit asiatischer Kräutersauce 142
Rote Currypaste 223
Roter Chili-Essig 232
Rotes Hähnchencurry 156

S
Salate
Aromatischer Räucherfischsalat mit asiatischen Kräutern & gerösteten Cashewkernen 70
Asiatischer Nudelsalat mit gebratener Ente & gerösteten Sesamsamen 58
Entenfleischsalat mit Mango & gerösteter Kokosnuss 78
Garnelen-Nudel-Salat mit Chilischoten & gerösteten Cashewkernen 54
Garnelen-Nudel-Salat mit Minze & gerösteten Erdnüssen 80
Garnelensalat mit Ingwer & Minze 184
Hühnerfleischsalat mit Sesam & weißem Pfeffer 64
Knackiger Gurken-Geflügel-Salat mit Ingwer 184
Knackiger Koriander-Kraut-Salat mit gerösteten Cashewkernen 66
Kräutersalat 92
Krebsfleischsalat mit Koriander & Chili 74
Mango-Ananas-Salat 206
Miang Pla Tu (Thai-Makrelensalat mit Ingwer, Schalotten & Limette) 132
Salat mit gegrillten Garnelen & Thai-Basilikum 62
Sauer-scharfer Rindfleischsalat mit geröstetem Reis & Koriander 56
Schweinefleisch-Gurken-Salat 72
Thai-Reissalat 158
Yam Som Tam (Sauer-scharfer Salat mit grüner Papaya) 60
Sang-Wa-Sauce 233
Saté
Garnelen-Saté 144
Hühnchen-Saté mit Kurkuma & Ingwer 32
Saucen 232–237
Chili-Honig-Sauce 102

Chili-Knoblauch-Sauce 184
Chili-Tamarinden-Sauce 102
Erdnusssauce 242
Frische Chilikonfitüre 239
Grüne-Chili-Sauce 102
Karamellige Chili-Tamarinden-Sauce 122
Sauer-scharfe Chilisauce 234
Sweet-Chili-Sauce 238
Sauer-scharf eingelegtes Obst 245
Sauer-scharfe Currypaste 227
Sauer-scharfe Suppe mit Huhn, gebratenen Schalotten & Thai-Basilikum (Tom Yam) 168
Sauer-scharfer Rindfleischsalat mit geröstetem Reis & Koriander 56
Sauer-scharfer Salat mit grüner Papaya (Yam Som Tam) 60
Sauer-scharfes Curry mit gegrilltem Lachs 160
Schneidetechniken
Chilischoten 121
Ingwer 120
Kaffirlimettenblätter 121
Schnittknoblauch
Gebratene Nudeln mit Schweinefleisch & Thai-Basilikum nach Hakka-Art 182
Schweinefleisch
Frühlingsrollen mit Glasnudeln & Schweinefleisch 24
Gebratene Nudeln nach Hakka-Art mit Schweinefleisch & Thai-Basilikum 182
Gebratener Schweinebauch mit Salz-Gewürz-Kruste 100
Gegrillte Schweinekoteletts mit Knoblauch 184
Gegrilltes Schweinefleisch mit Kräutersalat 92
Gegrilltes Schweinefleisch mit Wassermelone, Limette & Chili 102
Knusprig-süße Spareribs 110
Langsam gegarte Schweineschulter mit Koriander, Tamarinde & Chili 104
Schweinefleisch-Gurken-Salat 72
Sesamöl 18
Aromatischer Räucherfischsalat mit asiatischen Kräutern & gerösteten Cashewkernen 70
Asiatischer Nudelsalat mit gebratener Ente & gerösteten Sesamsamen 58
Garnelen-Nudel-Salat mit Chilischoten & gerösteten Cashewkernen 54
Gegrilltes Schweinefleisch mit Kräutersalat 92
Hühnchensalat mit Sesam & weißem Pfeffer 64
Knackiger Koriander-Kraut-Salat mit gerösteten Cashewkernen 66
Langsam gegarte Schweineschulter mit Koriander, Tamarinde & Chili 104
Rosa gegrillter Thunfisch mit asiatischer Kräutersauce 142
Sesamsamen
Asiatischer Nudelsalat mit gebratener Ente & gerösteten Sesamsamen 58
Gebratener Sesam-Thunfisch mit Zitronengras & Ingwer 124
Geschmorte Austernpilze mit Ingwer & Chilischoten 192
Grünes Wok-Gemüse mit Austernsauce 196
Hühnerfleischsalat mit Sesam & weißem Pfeffer 64
Würzig frittierte Bananen 200

Siamesisches Hühnchen mit Ingwer, Koriander, Knoblauch & weißem Pfeffer 98
So wird's gemacht
Eine Wassermelone entkernen 210
Muscheln vorbereiten 146
Reis rösten und mahlen 17
Thai-Fischfrikadellen mit Koriander 46
Tintenfisch putzen und ausnehmen 116
Sojasauce 18
Spareribs, knusprig-süße 110
Spargel, grüner
Grünes Wok-Gemüse mit Austernsauce 196
Sauer-scharfes Curry mit gegrilltem Lachs 160
Spieße
Garnelen-Saté 144
Hühnchen-Saté mit Kurkuma & Ingwer 32
Pfeffrige Hähnchenspieße mit Chili-Knoblauch-Sauce 184
Spinat: Spinat aus dem Wok mit Knoblauch & schwarzem Pfeffer 194
Staudensellerie:
Hühnerfleischsalat mit Sesam & weißem Pfeffer 64
Stubenküken, gebratenes, mit Zitronengras & Kokoscreme 108
Suppen
Entenfleischsuppe mit Limette, Chili & Basilikum 170
Kürbiscremesuppe 158
Tom Kha Gai (Hühnersuppe mit Kokosmilch) 172
Tom Yam (Sauer-scharfe Suppe mit Huhn, gebratenen Schalotten & Thai-Basilikum) 168
Süß-scharfe Hähnchenschlegel 112
Sweet-Chili-Sauce 238

T
Tamarindenmark 19
Ananas mit Chili-Karamell 208
Fischcurry mit Kokosmilch 152
Gaeng-Gari-Curry mit gebratenem Hühnerfleisch 166
Gaeng-Gari-Currypaste 226
Garnelen-Nudel-Salat mit Minze & gerösteten Erdnüssen 80
Gebratene Garnelen in Tamarindenmarinade 38
Gebratenes Rindfleisch mit Tamarindensirup & gerösteten Erdnüssen 86
Grünes Thai-Curry mit Garnelen 154
Hühnchen-Saté mit Kurkuma & Ingwer 32
Karamellige Chili-Tamarinden-Sauce 235
Langsam gegarte Schweineschulter mit Koriander, Tamarinde & Chili 104
Massaman-Currypaste mit gerösteten Erdnüssen 228
Sauer-scharfe Currypaste 227
Tom Yam (Sauer-scharfe Suppe mit Huhn, gebratenen Schalotten & Thai-Basilikum) 168
Thai-Basilikum 13
Entenfleischsuppe mit Limette, Chili & Basilikum 170
Gaeng-Gari-Curry mit gebratenem Hühnerfleisch 166

Gebratene Nudeln nach Hakka-Art mit Schweinefleisch & Thai-Basilikum 182
Grünes Thai-Curry mit Garnelen 154
Muscheln aus dem Wok mit Chilikonfitüre 146
Pad Ki Mao (Würzige Rindfleischnudeln mit Kaffirlimettenblättern) 180
Rosa gegrillter Thunfisch mit asiatischer Kräutersauce 142
Rotes Hähnchencurry 156
Salat mit gegrillten Garnelen & Thai-Basilikum 62
Tom Yam (Sauer-scharfe Suppe mit Huhn, gebratenen Schalotten & Thai-Basilikum) 168
Thai-Bratreis 188
Thai-Chili-Relish 240
Thai-Curry, grünes, mit Garnelen 154
Thai-Fischfrikadellen
So wird's gemacht 46
Thai-Fischfrikadellen mit Gurken-Relish 48
Thai-Fischfrikadellen mit Koriander 46
Thai-Klebreis 248
Thai-Makrelensalat mit Ingwer, Schalotten & Limette (Miang Pla Tu) 132
Thai-Reissalat 158
Thai-Rindfleischpfanne mit Chili-Relish 96
Thai-Rindfleischspieße mit rotem Chili-Essig 88
Thailändisches Chili-Relish (Nam Prik Pao) 240
Thunfisch
Gebratener Sesam-Thunfisch mit Zitronengras & Ingwer 124
Rosa gegrillter Thunfisch mit asiatischer Kräutersauce 142
Tintenfisch
Gebratener Reis mit Garnelen, Tintenfisch & Krebsfleisch 178
Gegrillter Tintenfisch mit Knoblauch & Pfeffer 40
Tintenfisch vorbereiten – so wird's gemacht 116
In Würzkruste frittierter Tintenfisch 118
Tod Man Khao Pad (Maisküchlein mit Currypaste) 34
Tofu: Pad Thai (gebratene Nudeln) 176
Tom Kha Gai (Hühnersuppe mit Kokosmilch) 172
Tom Yam (Sauer-scharfe Suppe mit Huhn, gebratenen Schalotten & Thai-Basilikum) 168
Tomaten
Rotes Hähnchencurry 156
Yam Som Tam (Sauer-scharfer Salat mit grüner Papaya) 60
Topping, Honigkaramell-Kokos- 212

W
Wassermelone
Gegrilltes Schweinefleisch mit Wassermelone, Limette & Chili 102
Eine Wassermelone entkernen – so wird's gemacht 210
Wassermelone mit Limette, Salz & schwarzem Pfeffer 210
Weißkohl: Knackiger Koriander-Kraut-Salat mit gerösteten Cashewkernen 66
Wok-Gerichte
Chili-Basilikum-Hühnchen aus dem Wok 106

Grünes Wok-Gemüse mit Austernsauce 196
Kabeljau aus dem Wok mit Zuckerschoten, Ingwer & Fünf-Gewürze-Pulver 134
Muscheln aus dem Wok mit Chilikonfitüre 146
Spinat aus dem Wok mit Knoblauch & schwarzem Pfeffer 194
Thai-Rindfleischpfanne mit Chili-Relish 96
Würzig frittierte Bananen 200
Würzige Rindfleischnudeln mit Kaffirlimettenblättern (Pad Ki Mao) 178
Würziges Flanksteak mit sauer-scharfer Chilisauce 94
Würzmarinade für Ente oder Hühnchen 230

Y
Yam Som Tam (sauer-scharfer Salat mit grüner Papaya) 60

Z
Zitrone
Gegrillter Tintenfisch mit Knoblauch & Pfeffer 40
Zitrus-Kokos-Götterspeise 202
Zitronengras 13
Aromatisch geräuchertes Fischfilet 138
Chao Tom (Pikante Garnelenfrikadellen auf Zitronengrasstängeln) 30
Entenfleischsuppe mit Limette, Chili & Basilikum 170
Fischcurry mit Kokosmilch 152
Gaeng-Gari-Currypaste 226
Gai Yang nach Isaan-Art (Gegrilltes Hühnchen mit Zitronengras & schwarzem Pfeffer) 84
Garnelen-Miang 42
Garnelen-Saté 144
Gebratener Sesam-Thunfisch mit Zitronengras & Ingwer 124
Gebratenes Stubenküken mit Zitronengras & Kokoscreme 108
Gegrillter Fisch mit Chili, Knoblauch & Ingwer 148
Gegrillter Fisch mit Kurkuma 130
Grünes Thai-Curry mit Garnelen 154
Hühnchen-Saté mit Kurkuma & Ingwer 32
Knusprig frittierte Fischchen mit Thai-Gewürzen 126
Kung Sang Wa (Marinierte Garnelen mit Ingwer & Kaffirlimettenblättern) 36
Muscheln aus dem Wok mit Chilikonfitüre 146
Rote Currypaste 223
Salat mit gegrillten Garnelen & Thai-Basilikum 62
Sang-Wa-Sauce 233
Sauer-scharfe Currypaste 227
Sauer-scharfes Curry mit gegrilltem Lachs 160
Tom Kha Gai (Hühnersuppe mit Kokosmilch) 172
Tom Yam (Sauer-scharfe Suppe mit Huhn, gebratenen Schalotten & Thai-Basilikum) 168
Zitrus-Kokos-Götterspeise 202
Zuckerschoten
Chili-Basilikum-Hühnchen aus dem Wok 106
Kabeljau aus dem Wok mit Zuckerschoten, Ingwer & Fünf-Gewürze-Pulver 134

Register 255

Dank

Mein Dank geht an all die Köche und Liebhaber guter Küche, die mich über die Jahre inspiriert haben. Dieses Buch ist euch gewidmet.

Ich danke meiner Frau Kylie für ihre unermüdliche Unterstützung und all die wunderbaren Dinge, die wir miteinander teilen. Ich liebe dich.

Ein großer Dank geht an meine beiden Jungs, Alexander und Orlando: Danke, dass ihr so begeisterte Esser seid – mit euch wird jede Mahlzeit zu einem Highlight des Tages.

Ich danke meiner Schwester Hannah für ihren unerschütterlichen Mut. Ich hoffe, du hast Freude an diesem Buch, ich habe beim Schreiben an dich gedacht.

Ich danke meinem Vater Robert, der mich gelehrt hat, genau hinzusehen und alles Gute zu schätzen.

Und ich danke meiner Mutter Helen, die mit ihren wunderbaren Kochkünsten vielen Menschen Liebe geschenkt und mir die Liebe zum Kochen vermittelt hat.

Danke euch allen.

TOM KIME hat in seinem Berufsleben in einigen der besten Restaurants in London und Sydney gearbeitet. Er ist um den ganzen Erdball gereist, um die besten Streetfood-Gerichte der Welt kennenzulernen und in Rezepten festzuhalten. Nach ersten Erfahrungen im Cateringbereich zusammen mit Rick Stein arbeitete Tom im River Café in London mit Jamie Oliver (er kochte bei Jamies Hochzeit) und im Darley St Thai in Sydney mit David Thompson. Sein 2005 veröffentlichtes erstes Buch *Exploring Taste and Flavour* wurde mit einem »World Gourmand Award« ausgezeichnet, 2007 erhielt sein zweites Buch *Streetfood* eine Silbermedaille. *Fish Tales*, Toms 2015 erschienenes fünftes Buch, wurde bei den »World Gourmand Awards« als eines der besten Kochbücher der letzten 20 Jahre geehrt. Darüber hinaus präsentierte Tom bereits drei eigene TV-Kochshows und war an fünf Folgen des beliebten australischen TV-Kochwettbewerbs *Ready Steady Cook* beteiligt. Zuletzt war er als Küchenchef in den Ceru-Restaurants in London und Sydney mit dem Schwerpunkt Streetfood tätig, 2010–2015 im Fish & Co., einem nachhaltig arbeitenden Fischlokal in Sydney. Außerdem ist er international als Food-Berater, Autor und Moderator erfolgreich.

Titel der Originalausgabe: *Mon livre de cuisine thaïe*
Erschienen bei Marabout, ein Imprint von Hachette Livre,
Vanves Cedex 2017
Copyright © 2017 Hachette Livre (Marabout), Vanves Cedex, Frankreich

Verlagsleitung: Catie Ziller
Autor: Tom Kime
Lektorat: Abi Waters
Fotografie: Lisa Linder
Illustrationen: Alice Chadwick
Foodstyling: Aya Nishimura

3. Auflage 2021
Copyright © 2017 von dem Knesebeck GmbH & Co. Verlag KG, München
Ein Unternehmen der Média-Participations

Umschlaggestaltung: Leonore Höfer, Knesebeck Verlag
Satz: satz & repro Grieb, München
Lektorat: Gundula Müller-Wallraf, München

Printed in China

ISBN 978-3-95728-066-4

Alle Rechte vorbehalten, auch auszugsweise.

www.knesebeck-verlag.de